GESTÃO DE MANUTENÇÃO
EM SERVIÇOS DE SAÚDE

Blucher

Alexandre Ferreli Souza
Cristina Helena Toulias Heringer
Joacy Santos Junior
Jorge Ronaldo Moll

GESTÃO DE MANUTENÇÃO
EM SERVIÇOS DE SAÚDE

Gestão de manutenção em serviços de saúde
© 2010   Alexandre Ferreli Souza
           Cristina Helena Toulias Heringer
           Joacy Santos Junior
           Jorge Ronaldo Moll
1ª edição – 2010
2ª reimpressão – 2018
Editora Edgard Blücher Ltda.

Blucher

Rua Pedroso Alvarenga, 1245, 4º andar
04531-934 – São Paulo – SP – Brasil
Tel.: 55 11 3078-5366
contato@blucher.com.br
www.blucher.com.br

Segundo o Novo Acordo Ortográfico, conforme 5. ed. do *Vocabulário Ortográfico da Língua Portuguesa*, Academia Brasileira de Letras, março de 2009.

É proibida a reprodução total ou parcial por quaisquer meios sem autorização escrita da editora.

Todos os direitos reservados pela Editora Edgard Blücher Ltda.

Dados Internacionais de Catalogação na Publicação (CIP)
Angélica Ilacqua CRB-8/7057

Gestão de manutenção em serviços de saúde / Alexandre Ferreli Souza... [et. al.]. – São Paulo : Blucher, 2010.

Outros autores : Cristina Helena Toulias Heringer, Joacy Santos Junior, Jorge Ronaldo Moll
Bibliografia
ISBN 978-85-212-563-0

1. Serviços de saúde – Administração – Brasil

2. Serviços de saúde – Brasil I. Souza, Alexandre Ferreli. II. Heringer, Cristina Helena Toulias. III. Santos Junior, Joacy. IV Moll, Jorge Ronaldo.

10-11530   CDD-362.104258

Índice para catálogo sistemático:
1. Gestão de manutenção : Serviços de saúde   362.104258
2. Serviços de saúde : Gestão de manutenção   362.104258

"Se eu vi mais longe, foi por estar de pé sobre ombros de gigantes."
Cartas para Hooke
Isaac Newton

"Algumas pessoas nunca cometem os mesmos erros duas vezes. Descobrem sempre novos erros para cometer."
Mark Twain

"If you have a system down for a fews days, everyone will remember that for a year."
Stan Trojanowski
Medical University of South Carolina

Ao adquirir este livro, você está ajudando a construir o Hospital Pro Criança que fará atendimento médico à criança carente com foco na cirurgia cardíaca e procedimentos invasivos que necessitam de alta tecnologia hospitalar

www.procrianca.org.br

Dedicatórias

Dedico este livro às pessoas mais importantes que sempre estiveram ao meu lado: meus pais Valdir Souza e Margarida Ferreli Souza (*in memoriam*), a minha esposa Ilídia Sameiro, minha filha Catarina Ferreli, minha irmã Ana Valéria, meu cunhado Jorge e minha sobrinha Bruna.

Alexandre Ferreli Souza

Ao meu marido e milhas filhas, pela paciência e compreensão em relação a minha opção profissional.

Cristina Helena Toulias Heringer

Dedico este livro a minha mãe, Aidê Botelho Justino e a meu avô Euclides Botelho Justino, *in memorian*. Pessoas estas que nunca deixaram de me apoiar e acreditar que um dia a realização de uma vida se faria possível.

Joacy Santos Junior

À minha esposa e filha, pelo apoio e compreensão em relação ao tempo dedicado a este projeto.

Jorge Ronaldo Moll

Agradecimentos

Aos profissionais José Alberto Burlá (COVIDIEN), Alessandro Nascimento, Célia Regina Dal'Mas (Rede Labs D'Or), Cosme Lopes (Air Liquide), Cláudio Moreira (Philips Healthcare), Elton Falcão (FalconMed), Ricardo Andrade (FIOCRUZ), Ricardo Moreira de Albuquerque, José Haim Benzecry (ENGEMAN), José Rogério Fernandes (Diretor seção ABEClin RJ – gestão 2010), Prof. Julio Bicalho (CEFET), Renato Veloso (Philips Healthcare), Rogério Pires (CEFET), Sandra Souza (Philips Healthcare).

Aos Professores Wagner Coelho (PEB/UFRJ), Jorge Nemésio Souza (DEE/UFRJ), Fernando Coelli (CEFET), aos *Fellows*[1] do *IEEE* Paulo Diniz (LPS/UFRJ), Nelson Martins (CEPEL) e Marcus Schiller (UFF).

A Ricardo Duarte (Abott), pelo exemplo como gestor de serviços, por meio de seu profissionalismo, ética, liderança e capacidade de antecipar as necessidades e tendências do mercado.

E por fim, a todos os profissionais que de alguma forma contribuiram para o nosso aprendizado durante esses anos de trabalho na área de serviços em saúde.

---

[1] O grau de *Fellow* do *IEEE* é dado ao membro com um currículo extraordinário em algum dos campos de interesse do *IEEE*. Os *Fellows* do *IEEE* formam um grupo de elite, dentro do qual o *IEEE* busca por lideranças que influenciarão os rumos da pesquisa e do desenvolvimento tecnológico nas áreas de elétrica e eletrônica.

Prefácio

O livro *Gestão da manutenção em serviços de saúde* é uma obra que traz uma valiosa contribuição à escassa literatura disponível sobre o tema na língua portuguesa, tratando em um único volume da gestão de tecnologia das diferentes especificidades da manutenção nos estabelecimentos assistenciais de saúde (EAS). A obra mostra o porquê da necessidade de uma política de manutenção na visão estratégica do EAS.

Trata-se de uma iniciativa que disponibiliza um texto sistemático, ideal para ser usado como roteiro de estudo. A abordagem dos principais aspectos referentes a manutenção no dia a dia da realidade em EAS é seu maior diferencial. Destacamos a relevância desta literatura para a formação de profissionais em qualquer estágio, seja em nível técnico, de graduação ou de pós-graduação, que pretenda atuar, se aperfeiçoar ou compreender esta área, para muitos desconhecida.

Além disso, o livro propõe-se a ser material de consulta para profissionais de outras áreas, tais como médicos, enfermeiros, fisioterapeutas, administradores que venham a se tornar gestores e que necessitem compreender esta área tão pouco explorada, porém com enorme impacto na assistência à saúde dos pacientes.

Aplicar uma gestão inteligente com equipe técnica qualificada e com indicadores dentro de padrões "classe mundial" é ter garantia de melhor atendimento ao paciente, com maior disponibilidade dos equipamentos que podem diagnosticar ou manter sua vida. Podemos, genericamente citar Leonard Berry:

"Os serviços são desempenhos e as pessoas são seus executores. Da perspectiva dos clientes, as pessoas que prestam o serviço são a própria empresa... Nesse sentido, um caixa de banco desleixado é um banco desleixado. Um garçom arrogante é um restaurante arrogante. É por isso que as empresas de serviço precisam contar com as pessoas certas para carregar sua bandeira diante dos clientes... Precisam competir pelo mercado de talentos com a mesma firmeza com que competem pelo mercado de clientes.[1]"

---

[1] Leonard Berry. *On great service*: a framework for action. New York: The Free Press, 1995, p. 167.

A manutenção em EAS envolve vários ramos da Engenharia Clássica: elétrica, eletrônica, mecânica, civil, segurança e dois novos ramos interdisciplinares, a Engenharia hospitalar e clínica. Como presidente da Associação Brasileira de Engenharia Clínica, considero-me feliz pela publicação deste livro, sendo um dos autores membro de nossa instituição. Desejamos que a obra ajude a melhorar a manutenção e consequentemente, o nosso objetivo maior, atender as necessidades do paciente em primeiro lugar.

Alexandre Henrique Hermini
Associação Brasileira de Engenharia Clínica
Presidente

Apresentação

A manutenção na área médico-hospitalar prima pela continuidade operacional: manter prontos, disponíveis e a postos, para uso imediato, durante 24 horas por dia, todos os equipamentos, aparelhos, instalações e suprimentos do Estabelecimento Assistencial de Saúde (EAS). A grande responsabilidade do EAS com seus usuários e a natureza de suas atividades não permitem falhas ou interrupções de abastecimento ou suprimentos, que possam levar a desfechos graves e mesmo fatais.

Esta obra foi feita para apresentar as questões envolvidas na área de Manutenção Hospitalar para os profissionais que estão iniciando, assim como fornecer referências para os atuantes. Apresentar conceitos, referências das melhores práticas e legislações, reflexos da experiência dos autores. O objetivo não é ensinar como fazer manutenção. Os grandes motivadores foram os alunos da disciplina de Manutenção na área Hospitalar do curso MBA ENGEMAN realizado na UFRJ.

A manutenção na área médico-hospitalar pode ser classificada de forma simplista em dois grandes grupos: infraestrutura (cuida das instalações prediais, e suporte) e equipamentos médicos (trabalha com os equipamentos que tenham contato direto ou indireto com o paciente com o objetivo de que funcionem corretamente e dentro das normas).

O conteúdo deste livro é voltado para:

- Profissionais da saúde que necessitem conhecer o tema para gerir setores de manutenção ou avaliar os mesmos;
- Profissionais de exatas que pretendam iniciar carreira na área médico-hospitalar ou que necessitem de um conhecimento global da área;
- Administradores que precisem conhecer a área para atuar na gestão e avaliação de setores de manutenção.

O livro está dividido em oito capítulos.

O Capítulo 1 apresenta o conceito de estabelecimento assistencial de saúde, categorização, quantificação, organização e introdução histórica. A seguir, é utilizado o modelo mais complexo de EAS (hospital) para exemplificar a gestão (administrativa e financeira), e acreditação. Esse capítulo foi escrito especialmente para profissionais de áreas diferentes da saúde.

O Capítulo 2 (Engenharias em Serviços de Saúde) justifica a presença da engenharia no EAS, em virtude da necessidade de gerir a tecnologia e apresenta as Engenharias de Manutenção e Engenharia Clínica. Conceitua a avaliação de tecnologia aplicada a saúde, como uma ferramenta poderosa para aquisição de novas tecnologias. Apresenta acidentes em EAS e implicações legais do erro na área da saúde.

O Capítulo 3 (Aquisição de Tecnologias) introduz a importância do processo correto de aquisição de tecnologias, apresentando suas principais fases: coleta de informações (definição das necessidades clínicas, verificação da infraestrutura necessária, busca de opções no mercado), negociação, avaliação das propostas e operacionalidade.

O Capítulo 4 (Indicadores) introduz o conceito de medir para gerenciar. Apresenta gestão baseada em indicadores, indicadores de eficiência, *PDCA*, confiabilidade, custo da confiabilidade, indicadores de custo, qualidade e produtividade. Também enfoca sistemas de informatização.

O Capítulo 5 (Política de manutenção) apresenta as linhas mestras da política de manutenção, orientações para escolha de um serviço apropriado (fabricante; representantes autorizados do fabricante, prestadores de serviço, empresas terceirizadas, departamento interno de manutenção e/ou Engenharia Clínica – *in-house*, usuário final). Enfoca, ainda, a análise do custo de treinamento de equipe interna e contratos de manutenção: observações e sugestões.

O Capítulo 6 (Educação Continuada) apresenta a Educação Continuada como um fator redutor de acidentes e também de indisponibilidade de equipamentos em função de erros operacionais. Aborda também a necessidade de Educação Continuada em virtude da alta rotatividade de mão de obra em EAS; apresenta sugestões para implantação de Educação Continuada; exemplos de acidentes causados por falta de treinamento e manutenção; como proceder após um acidente com equipamento médico; e referências para atualização de riscos e acidentes com equipamentos médicos.

O Capítulo 7 (Manutenção de Infraestrutura) apresenta as especificidades de um EAS em seu modelo mais complexo, o hospital; efeitos da manutenção no retorno de clientes; obra em edificação hospitalar; instalações prediais, elétricas, hidráulicas, normas técnicas, refrigeração e climatização, gases medicinais, caldeiras.

O Capítulo 8 (Segurança) apresenta alguns tópicos de segurança pertinentes à atividade hospitalar e às atividades acessórias que visam garantir a operacionalidade dessas unidades. Os assuntos abordados foram norteados por referências normativas vigentes no Brasil, dentre elas algumas referências normativas internacionais adotadas aqui. O suporte principal ao assunto segurança foram as normas do MTE.

Os leitores são motivados a pesquisar sobre as normas citadas nesta edição, quando for necessário fazer uso de alguma delas. Esta consideração é devida ao fato de as normas estarem sempre em processo de revisão. Até o momento do término da edição deste livro, as normas citadas estavam em sua versão mais recente.

Os autores desejam que o conhecimento apresentado neste livro seja útil e torne-se uma ferramenta que auxilie o leitor em sua atuação em Gestão de Manutenção em serviços de saúde.

Durante o processo de realização deste livro, a Agência Nacional de Vigilância Sanitária (ANVISA) publicou a Resolução de Diretoria Colegiada (RDC) número 2, que dispõe sobre o gerenciamento de tecnologias em saúde em EAS. A publicação desta RDC preenche uma lacuna existente, criando a obrigatoriedade de as unidades de saúde contratarem gestores de tecnologia em EAS, o que consequentemente irá aumentar os benefícios para os usuários finais. Este livro auxiliará os gestores a compreender a necessidade da publicação dessa norma e os conceitos nela envolvidos.

Os autores agradecem críticas e sugestões. O leitor pode ficar à vontade para entrar em contato, por meio de e-mail (os endereços estão na seção "Sobre os Autores").

A tecnologia na área médico-hospitalar está em constante evolução. Surgem novos equipamentos, técnicas de manutenção, formas de gerenciamento, de forma que o gestor de manutenção precisa estar sempre se atualizando e adaptando, pois como disse Charles Darwin: "Não são os mais fortes nem os mais inteligentes que sobrevivem, mas os que melhor se adaptam às mudanças."

Boa leitura!
Os autores

Siglas

AAF	Análise de Árvore de Falhas
APP	Analise Preliminar de Perigos
ART	Anotação de Responsabilidade Técnica
ATS	Avaliação de Tecnologia em Saúde (TA)
CAT	Comunicação de Acidente de Trabalho
CCIH	Comissão de Controle de Infecção Hospitalar
CI	Custo de Infraestrutura
CLT	Consolidação das Leis Trabalhistas
CIPA	Comissão Interna de Prevenção de Acidentes
CTP	Custo Total Proprietário
DFMEA	*Design Failure Modes and Effect Analysis* – Análise de modo e efeito de falha em projeto
EAS	Estabelecimento Assistencial de Saúde
EPC	Equipamentos de Proteção Coletiva
EPI	Equipamento de Proteção Individual
EOL	*End-of-Life* – Fim de vida útil
ESF	Equipes Saúde da Família
FMEA	*Failure Modes and Effect Analysis* – Análise de modo e efeito de falha
FTA	*Fault Tree Analysis* (ou AFF)
IOE	Indivíduo Ocupacionalmente Exposto
KPI	*Key Performance Indicator* – Indicadores chave de desempenho
LCC	*Life Cycle Cost* – Custo do ciclo de vida
LACEN	Laboratório Central de Saúde Pública
MBAOPSS	Manual Brasileiro de Acreditação de Organizações Prestadoras de Serviços
MAUDE	*Manufacturer and User Facility Device Experience*
MTBF	*Mean Time Between Fauts* – Tempo médio entre falhas

MTTR	*Mean Time To Repair* – Tempo médio para reparar
NASF	Núcleos de Apoio à Saúde da Família
NOAS	Norma Operacional da Assistência à Saúde
NR	Norma Regulamentadora
NBR	Norma Regulamentadora Brasileira
OPSS	Organizações Prestadoras de Serviços de Saúde
OS	Ordem de Serviço
OTIF	*On Time In Full* – Em tempo e completo
PACS	Programa de Agentes Comunitários de Saúde
PCM	Planejamento e Controle da Manutenção
PCMSO	Programa de Controle Médico de Saúde Ocupacional
PDCA	*Plan Do Check Act* – Planejar – executar – verificar – corrigir
PFMEA	*Process Failure Modes and Effect Analysis* – Análise de modo e efeito de falha em processo
PHA	*Preliminary Hazard Analysis* (ou APP)
PMOC	Plano de Manutenção, Operação e Controle
PPRA	Programa de Prevenção dos Riscos Ambientais
PSF	Programa de Saúde da família
RCM	*Reliability Centered Maintenance* – Manutenção centrada na confiabilidade
RDC	Resolução de Diretoria Colegiada
SADT	Serviço Auxiliar de Diagnóstico e Terapia
SESMT	Serviço Especializado em Engenharia de Segurança e em Medicina do Trabalho
SIM	Sistema Informatizado de Manutenção
SLA	*Serviço Level Agreement* – Acordo por nível de serviço
SPDA	Sistema de Proteção Contra Descargas Atmosféricas
SMS	Segurança Meio Ambiente e Saúde
SUS	Sistema Único de Saúde
TA	*Technology Assessment* – Avaliação de tecnologia
TCO	*Total Cost of Ownership* – Custo total proprietário (CTP)
TQC	*Total Quality Control* – Controle total de qualidade
TODIM	Tomada de Decisão Interativa Multicritério
TPM	*Total Productive Maintenance* – Manutenção produtiva total
UMTSN	*Universal Medical Technology Service Nomenclature* – Nomenclatura universal para serviços em tecnologia médica
UBS	Unidade Básica de Saúde
UPA	Unidades de Pronto Atendimento Fixo
UTI	Unidade de Terapia Intensiva

ORGANIZAÇÕES NACIONAIS

ABDEH	Associação Brasileira para o Desenvolvimento do Edifício Hospitalar
ABEClin	Associação Brasileira de Engenharia Clínica
ABIMO	Associação Brasileira da Indústria de Artigos e Equipamentos Médicos, Odontológicos, Hospitalares e de Laboratórios
ABNT	Associação Brasileira de Normas Técnicas
ABRAMAN	Associação Brasileira de Manutenção
ANVISA	Agência Nacional de Vigilância Sanitária
ANTT	Agência Nacional de Transportes Terrestres
CNEN	Comissão Nacional de Energia Nuclear
CNES	Cadastro Nacional de Estabelecimentos de Saúde
CREA	Conselho regional de Engenharia, Arquitetura e Agronomia
CRM	Conselho Regional de Medicina
IBMEC	Instituto Brasileiro de Mercado de Capitais
IEMI	Instituto de Estudos e Marketing Industrial
INMETRO	Instituto Nacional de Metrologia, Normalização e Qualidade Industrial
INSS	Instituto Nacional do Seguro Social
MS	Ministério da Saúde
MTE	Ministério do Trabalho e Emprego
ONA	Organização Nacional de Acreditação
SBEB	Sociedade Brasileira de Engenharia Biomédica
SOBRAPO	Sociedade Brasileira de Pesquisa Operacional
STJ	Superior Tribunal de Justiça

ORGANIZAÇÕES INTERNACIONAIS

ACCE	*American College of Clinical Engineers*
ACGIH	*American Conference of Industrial Hygienists*
ECRI MDSR	*Emergency Care Research Institute´s Medical Device Safety Reports*
IEC	*International Electrotechnical Comission*
IEEE	*Institute of Electrical and Electronic Engineeting*
HICPAC	*Healthcare Infecction Control Practices Advisory Committe*
IOM	*Institute of Medicine of National Academies*
ISO	*International Organization for Standardization*
MHRA	*Medicines and Healthcare products Regulatory Agency*
NIH	*National Institutes of Health*
WHO	*World Health Organization*

Conteúdo

1. ESTABELECIMENTOS ASSISTENCIAIS DE SAÚDE 25
   Introdução 26
   Categorias de EAS... 26
   Estatísticas sobre EAS no Brasil 29
   Organização físico-funcional... 32
   Histórico 35
   Legislação 39
   Gestão hospitalar 39
         Administrativa 40
         Financeira 40
   O ambiente hospitalar... 44
   Acreditação.. 44
       Os princípios do processo de avaliação 45
       Principais vantagens do processo de acreditação................ 46
       Principais interessados no processo de acreditação............ 46
       Empresas certificadoras 46

2. ENGENHARIA EM SERVIÇOS DE SAÚDE...................................... 47
   Introdução 48
   Engenharia de manutenção... 49
   Engenharia clínica 53
   Gestão de tecnologia 55
       RDC 2 56
   Acidentes em EAS.. 57
       Definições.. 57

		Visão jurídica	59
		Base legal	60
		Conclusão	61
3.		AQUISIÇÃO DE TECNOLOGIAS	63
		Introdução	64
		Coleta de informações	64
		Definição das necessidades	64
		Avaliação das condições ambientais	65
		Busca de opções no mercado	66
		Avaliação	68
		Licitação	70
		Operacionalidade	70
		Conclusão	70
4.		INDICADORES DE DESEMPENHO	71
		Introdução	72
		Confiabilidade de equipamentos	73
		Definições	73
		Indicadores	75
		Indicadores temporais, de qualidade e custo	78
		Indicadores de produtividade	79
		Sistemas informatizados	80
		Conclusão	82
5.		POLÍTICA DE MANUTENÇÃO	83
		Introdução	84
		Definições	84
		Política de manutenção – linhas principais	86
		Escolhendo um serviço apropriado	86
		Manutenção interna (in-house) × externa	87
		Fabricante × terceiros	90
		Contrato de manutenção	91
		Contratos de serviços	93
		Contratação	94
		Conclusão	95

6. EDUCAÇÃO CONTINUADA 97
   Introdução 98
   Educação continuada (ECO) 98
   Acidentes: imperícia ou falha humana? 99
      Exemplos ocorridos 99
   Falhas: e depois? 104
   Referências 105
   Conclusão 106

7. MANUTENÇÃO DE INFRAESTRUTURA 107
   Introdução 108
   Hospital: um canteiro de obras 110
      Obra em edificação hospitalar 111
      Instalações prediais 112
      Refrigeração e climatização 114
      Sistemas elétricos 117
      Iluminação 120
      Sistemas de gases medicinais 120
      Caldeiras 122
   Considerações gerais 123
   Conclusão 123

8. REQUISITOS DE SEGURANÇA NO TRABALHO 125
   Objetivo 126
   Legislação 126
      ABNT 127
      CIPA 127
      Insalubridade 128
      Periculosidade 129
   Segurança e saúde do trabalhador 130
      Vacinação 131
      Medidas profiláticas 131
      Ferramentas de trabalho 132
      Treinamento 133
   Redução de riscos 135
      Risco de acidentes 135
      Risco biológico 135

Risco químico	136
Risco ergonômico	137
Risco físico	137
Radiação	137
Gases medicinais	140
Mapa de risco	142
Resíduos	143
Sinalização de segurança	145
Gerenciamento de risco	146
Ferramentas de análise de risco	147
Análise Preliminar de Perigos (APP)	147
Análise de Modo e Efeito de Falha (*FMEA*)	148
Análise de Árvore de Falhas (AAF)	150

REFERÊNCIAS 153

ANEXOS 167
   A. Análise multicritério 167
   B. Licitação 169
   C. Custo total de propriedade 170
   D. *PDCA* 171
   E. Falhas programadas 172
   F. Contrato de manutenção 173
   G. STJ 181

ESTABELECIMENTOS ASSISTENCIAIS DE SAÚDE

Jorge Ronaldo Moll

Alexandre Ferreli Souza

Resumo: apresentação do conceito de estabelecimento assistencial de saúde, categorização, quantificação, organização, introdução histórica. A seguir, é utilizado o modelo mais complexo de EAS (hospital) para exemplificar a gestão (administrativa e financeira), e acreditação. Este capítulo foi escrito especialmente para profissionais de áreas diferentes da saúde.

Palavras-chaves: estabelecimento assistencial de saúde, hospital.

> Art. 196. A saúde é direito de todos e dever do Estado, garantido mediante políticas sociais e econômicas que visem à redução do risco de doença e de outros agravos e ao acesso universal e igualitário às ações e serviços para sua promoção, proteção e recuperação.
>
> Art. 197. São de relevância pública as ações e serviços de saúde, cabendo ao Poder Público dispor, nos termos da lei, sobre sua regulamentação, fiscalização e controle, devendo sua execução ser feita diretamente ou através de terceiros e, também, por pessoa física ou jurídica de direito privado.
>
> *Constituição Brasileira*

INTRODUÇÃO

Estabelecimento assistencial de saúde (EAS) – conforme define a RDC 50 da ANVISA, é a denominação dada a qualquer edificação destinada à prestação de assistência à saúde à população, que demande o acesso de pacientes, em regime de internação ou não, qualquer que seja o seu nível de complexidade [1].

O EAS vem sendo afetado claramente por fatos e fatores que interferem na assistência que o doente espera receber. Abalado pela doença que o atinge, esse doente espera encontrar pessoas e equipamentos em condições de lhe prestar todo o amparo de que necessita. Por tais razões, o hospital moderno precisa estar suficientemente organizado para garantir plena condição de recuperação do paciente [2]. A gestão da manutenção hospitalar tem um papel importante neste cenário.

A atividade em um EAS utiliza intensivamente o trabalho humano. Mais do que isso: reúne grupos profissionais de origens e especificações diversas que precisam, mais do que em outro setor, trabalhar conjuntamente, de forma coesa e harmoniosa [2].

CATEGORIAS DE EAS

O Cadastro Nacional dos Estabelecimentos de Saúde lista os principais tipos de EAS, entre os quais os mais tradicionais são:

- **Posto de Saúde**: Unidade destinada à prestação de assistência a uma determinada população, de forma programada ou não, por profissional de nível médio, com a presença intermitente ou não do profissional médico.
- **Centro de Saúde/Unidade Básica de Saúde**: Unidade para realização de atendimentos de atenção básica e integral a uma população, de forma programada ou não, nas especialidades básicas, podendo oferecer assistência odontológica e de outros profissionais. A assistência deve ser permanente e prestada por médico generalista ou especialista nessas áreas, podendo ou não oferecer: serviço auxiliar de diagnóstico e terapia (SADT) e Pronto atendimento 24 horas.
- **Policlínica**: Unidade de saúde para prestação de atendimento ambulatorial em várias especialidades, incluindo ou não as especialidades básicas, que pode ainda ofertar outras especialidades não médicas e podendo ou não oferecer: SADT e Pronto atendimento 24 horas.
- **Hospital Geral**: Hospital destinado à prestação de atendimento nas especialidades básicas, por especialistas e/ou outras especialidades médicas. Pode dispor de serviço de Urgência/Emergência. Deve dispor também de SADT de média complexidade.
- **Hospital Especializado**: Hospital [3] destinado à prestação de assistência à saúde em uma única especialidade/área. Pode dispor de serviço de Urgência/Emergência e SADT.

Diante da necessidade de implementação de políticas para melhoria dos cuidados de saúde preventivos foram instituídos: o Programa de Agentes Comunitários de Saúde (PACS), o Programa de Saúde da família (PSF) e os Núcleos de Apoio à Saúde da Família (NASF). Estes, juntamente com as Unidades de Pronto Atendimento Fixo (UPA), fazem parte da política de atendimento pré-hospitalar e estão auxiliando na desospitalização dos pacientes.

A origem do PSF está na decisão do Ministério da Saúde, em 1991, de execução do Programa de Agentes Comunitários de Saúde (PACS), como providência para enfrentar os graves índices de morbimortalidade infantil e materna no Nordeste.

Programa de Agentes Comunitários de Saúde (PACS) e Programa de Saúde da Família (PSF) – as Normas e Diretrizes do Programa de Agentes Comunitários de Saúde e do Programa de Saúde da Família foram aprovadas pela Portaria 1886/GM de 18 de dezembro de 1997 [4] que em 28 de março de 2006 foi revogada pela Portaria GM/MS 648 que aprovou a Política Nacional de Atenção Básica, estabelecendo a revisão de diretrizes e normas para a organização da Atenção Básica para o Programa Saúde da Família (PSF) e o Programa Agentes Comunitários de Saúde (PACS) [5].

Essa portaria define como áreas estratégicas para atuação em todo o território nacional a eliminação da hanseníase, o controle da tuberculose, o controle da hipertensão arterial, o controle do *diabetes mellitus*, a eliminação da desnutrição infantil, a promoção da saúde da criança, da saúde da mulher, da saúde do idoso, da saúde bucal e da promoção da saúde em geral.

Para Unidade Básica de Saúde (UBS) sem Saúde da Família, em grandes centros urbanos, recomenda o parâmetro de uma UBS para até 30 mil habitantes, e para UBS com Saúde da Família, em grandes centros urbanos, recomenda-se o parâmetro de uma UBS para até 12 mil habitantes.

A estratégia de Saúde da Família visa à reorganização da atenção básica no país, de acordo com os preceitos do Sistema Único de Saúde.

Núcleos de Apoio à Saúde da Família (NASF) – foram criados em 24 de janeiro de 2008, pela Portaria GMMS 154 [6]. Por seu intermédio ficou estabelecido que os NASF têm o objetivo de ampliar a abrangência e o escopo das ações da atenção básica, bem como sua resolubilidade, apoiando a inserção da estratégia de Saúde da Família na rede de serviços e o processo de territorialização e regionalização a partir da atenção básica.

Os NASF são constituídos por equipes compostas por profissionais de diferentes áreas de conhecimento que atuam em parceria com os profissionais das Equipes Saúde da Família – ESF, compartilhando as práticas em saúde nos territórios sob responsabilidade das ESF, atuando diretamente no apoio às equipes e na unidade na qual o NASF está cadastrado.

Não se constituem em porta de entrada do sistema, e devem atuar de forma integrada à rede de serviços de saúde, a partir das demandas identificadas no trabalho conjunto com as equipes Saúde da Família. Devem buscar instituir a plena integralidade do cuidado físico e mental aos usuários do SUS por intermédio da qualificação e complementaridade do trabalho das Equipes Saúde da Família – ESF.

Figura 1.1: Unidade de Pronto Atendimento Fixo (UPA)
Fonte: Arquivo particular dos autores. Foto feita em julho de 2009.

Unidades de Pronto Atendimento Fixo (UPA) – a Portaria GM/MS 2048, de 5 de novembro de 2002, aprovou o Regulamento Técnico dos Sistemas Estaduais de Urgência e Emergência, que estabelece os princípios e diretrizes dos Sistemas Estaduais de Urgência e Emergência, as normas e critérios de funcionamento, classificação e cadastramento de serviços, e envolve temas como a elaboração dos Planos Estaduais de Atendimento às Urgências e Emergências, Regulação Médica das Urgências e Emergências, atendimento pré-hospitalar, atendimento pré-hospitalar móvel, atendimento hospitalar, transporte inter-hospitalar e ainda a criação de Núcleos de Educação em Urgências, além de fazer a proposição de grades curriculares para capacitação de recursos humanos da área [7].

Conforme conceituado no Regulamento acima, o Atendimento Pré-Hospitalar Fixo é aquela assistência prestada, num primeiro nível de atenção, aos pacientes portadores de quadros agudos, de natureza clínica, traumática ou ainda psiquiátrica, que possa levar ao sofrimento, sequelas ou mesmo à morte, provendo um atendimento e/ou transporte adequado a um serviço de saúde hierarquizado, regulado e integrante do Sistema Estadual de Urgência e Emergência. Essas unidades devem ter um espaço devidamente abastecido com medicamentos e materiais essenciais ao primeiro atendimento/estabilização de urgências que ocorram nas proximidades da unidade ou em sua área de abrangência e/ou sejam para elas encaminhadas, até a viabilização da transferência para unidade de maior porte, quando necessário.

Devem estar aptas a prestar atendimento resolutivo aos pacientes acometidos por quadros agudos ou crônicos agudizados. São estruturas de complexidade intermediária entre as unidades básicas de saúde e unidades de saúde da família e as Unidades Hospitalares de Atendimento às Urgências e Emergências, com importante potencial de complacência da enorme demanda que hoje se dirige aos prontos socorros, além do papel ordenador dos fluxos da urgência.

O seu funcionamento deve ser de 24 horas ao dia e estar habilitadas a prestar assistência correspondente ao primeiro nível de assistência de média complexidade.

Essas Unidades devem contar com suporte ininterrupto de laboratório de patologia clínica de urgência, radiologia, equipamentos para a atenção às urgências, leitos de observação de seis a 24 horas, além de acesso a transporte adequado e ligação com a rede hospitalar por meio da central de regulação médica de urgências e o serviço de atendimento pré-hospitalar móvel.

Considerando os parâmetros a seguir, são classificadas pelo porte.

Tabela 1.1: Classificação das Unidades de Pronto Atendimento Fixo

Porte	Região de cobertura	Atendimento 24h (pacientes)	Médicos por plantão	Leitos de observação
I	50 a 75 mil	100 pacientes	01 pediatra e 01 clínico	06 leitos
II	75 a 150 mil	300 pacientes	02 pediatras e 02 clínicos	12 leitos
III	150 a 250 mil	450 pacientes	03 pediatras e 03 clínicos	18 leitos

ESTATÍSTICAS SOBRE EAS NO BRASIL

O mercado brasileiro de saúde é o sexto maior do mundo. É o nono em consumo de medicamentos. A receita bruta dos hospitais e os negócios envolvendo equipamentos médico-hospitalares cresceram no período compreendido entre 2003 e 2008, 100% e 153% respectivamente [8].

O Cadastro Nacional de Estabelecimentos de Saúde – CNES é base para operacionalizar os Sistemas de Informações em Saúde, sendo estes imprescindíveis a um gerenciamento eficaz e eficiente. O CNES propicia ao gestor o conhecimento da realidade da rede assistencial existente e suas potencialidades, visando auxiliar no planejamento em saúde, em todos os níveis de governo, bem como dar maior visibilidade ao controle social a ser exercido pela população.

O CNES é um gigantesco empreendimento no sentido de adquirir o conhecimento efetivo de como está formado o universo de estabelecimentos que cuidam da saúde da nossa população, desde os grandes centros, até as mais longínquas localidades, tornando visível esse cenário a toda sociedade e fortalecendo o controle social.

Os dados das Tabelas 1.2 e 1.3 foram extraídos da página do CNES em outubro de 2009.

Tabela 1.2: Unidades por estado		
Estado	Total	%
Acre	589	0,29%
Alagoas	2.337	1,14%
Amapá	374	0,18%
Amazonas	1.512	0,74%
Bahia	12.070	5,87%
Ceará	7.234	3,52%
Distrito Federal	5.424	2,64%
Espírito Santo	4.735	2,30%
Goiás	5.643	2,75%
Maranhão	3.698	1,80%
Mato Grosso	3.761	1,83%
Mato Grosso do Sul	2.820	1,37%
Minas Gerais	26.128	12,71%
Pará	3.974	1,93%
Paraíba	3.902	1,90%
Paraná	17.674	8,60%
Pernambuco	6.053	2,94%
Piauí	2.585	1,26%
Rio de Janeiro	12.748	6,20%
Rio Grande do Norte	2.936	1,43%
Rio Grande do Sul	14.803	7,20%
Rondônia	1.268	0,62%
Roraima	401	0,20%
Santa Catarina	10.541	5,13%
São Paulo	48.719	23,70%
Sergipe	2.632	1,28%
Tocantins	985	0,48%
Total Brasil	**205.546**	**100,01%**

Tabela 1.3: Tipos de unidades

Código	Descrição	Total
01	Posto de saúde	12.108
02	Centro de saúde/unidade básica	30.092
04	Policlinica	4.369
05	Hospital geral	5.222
07	Hospital especializado	1.307
15	Unidade mista	896
20	Pronto socorro geral	616
21	Pronto socorro especializado	149
22	Consultório isolado	100.383
32	Unidade móvel fluvial	22
36	Clínica especializada/ambulatório de especialidade	27.057
39	Unidade de apoio diagnose e terapia (SADT isolado)	15.605
40	Unidade móvel terrestre	821
42	Unidade móvel de nível pré-hospitalar – urgência/emergência	395
43	Farmácia	528
50	Unidade de vigilância em saúde	2.467
60	Cooperativa	252
61	Centro de parto normal – isolado	23
62	Hospital/dia – isolado	358
64	Central de regulação de servicos de saúde	416
67	Laboratório central de saúde pública LACEN	61
68	Secretaria de saúde	531
69	Centro de atenção hemoterapia e ou hematologica	90
70	Centro de atenção psicossocial	1.588
71	Centro de apoio a saúde da família	158
72	Unidade de atenção a saúde indígena	30
Total		205.544

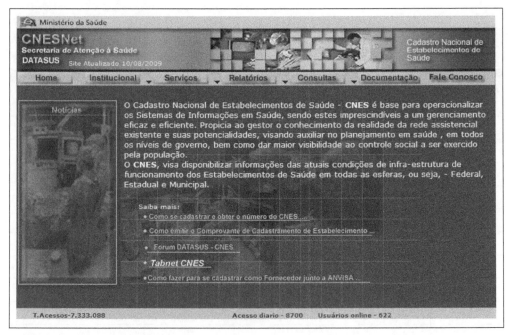

Figura 1.2: Página do CNES
Fonte: CNES/Ministério da Saúde. Disponível em: <http://cnes.data-sus.gov.br>.
Acesso em: 24 de maio de 2010.

ORGANIZAÇÃO FÍSICO-FUNCIONAL

Conforme a norma RDC 50 da ANVISA, são listadas a seguir as atividades que são geradoras ou que caracterizam os ambientes. Estas são também as mais comumente encontradas nos diversos tipos de estabelecimentos. Embora o objetivo seja esgotar a listagem, esta é sempre passível de modificação, porque sempre será possível o surgimento e/ou a transformação das atividades ou, até mesmo, das atribuições.

Os grupos de atividades de cada atribuição compõem unidades funcionais que, embora com estreita conotação espacial, não constituem, por si só, unidades espaciais.

São oito as atribuições que se desdobram em atividades e subatividades representadas no diagrama.

1. Prestação de atendimento eletivo de promoção e assistência à saúde em regime ambulatorial e de hospital-dia: atenção à saúde incluindo atividades de promoção, prevenção, vigilância à saúde da comunidade e atendimento a pacientes externos de forma programada e continuada.
2. Prestação de atendimento imediato de assistência à saúde: atendimento a pacientes externos em situações de sofrimento, sem risco de vida (urgência) ou com risco de vida (emergência).
3. Prestação de atendimento de assistência à saúde em regime de internação: atendimento a pacientes que necessitam de assistência direta programada por período superior a 24 horas (pacientes internos).

4. Prestação de atendimento de apoio ao diagnóstico e terapia: atendimento a pacientes internos e externos em ações de apoio direto ao reconhecimento e recuperação do estado da saúde (contato direto).
5. Prestação de serviços de apoio técnico: atendimento direto e assistência à saúde em funções de apoio (contato indireto).
6. Formação e desenvolvimento de recursos humanos e de pesquisa: atendimento direta ou indiretamente relacionado à atenção e assistência à saúde em funções de ensino e pesquisa.
7. Prestação de serviços de apoio à gestão e execução administrativa: atendimento ao estabelecimento em funções administrativas.
8. Prestação de serviços de apoio logístico: atendimento ao estabelecimento em funções de suporte operacional.

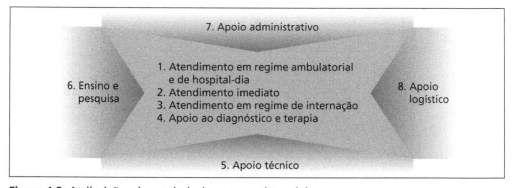

Figura 1.3: Atribuições de estabelecimentos assistenciais

Fonte: [1].

As quatro primeiras são atribuições fim, isto é, constituem funções diretamente ligadas à atenção e assistência à saúde. As quatro últimas são atribuições meio para o desenvolvimento das primeiras e de si próprias [1].

O EAS tipo hospital, por sua complexidade, será utilizado como referência a partir deste ponto. Conforme Gonçalves, o hospital é uma estrutura "viva", de alto dinamismo operacional, de elevado ritmo, desenvolvendo atividade caracteristicamente polimorfa, que envolve uma gama muito diversificada de aspectos. Em termos simplistas, Gonçalves considera que, basta dizer que, além da atividade propriamente assistencial que se desdobra no hospital, funcionam ali setores que poderiam funcionar isoladamente fora dele, com amplas possibilidades de viabilidade econômico-operacional, mas envolvendo, cada qual, aspectos especializados de funcionamento e, por conseguinte, de problemas a serem enfrentados. Quatro desses setores são caracterizados pela possibilidade de existência autônoma apontada: o hospital engloba simultaneamente um hotel, uma farmácia, uma lavanderia e um restaurante. O autor define que a estrutura do hospital moderno, ultrapassa consideravelmente a visão de que sua influência sobre o nível de saúde da população depende exclusivamente do desempenho de seus leitos. A razão essencial consiste em que existem outras áreas assistenciais que participam ativamente do atendimento dos doentes que procuram o hospital. Além da possibilidade de procura do hospital para internação em um de seus leitos, duas outras portas de entrada estão sempre abertas no hospital – o Ambulatório e o Serviço de Primeiro Atendimento; entre os dois setores, a única diferença é a forma de acesso, uma vez que, no primeiro, o atendimento deve ser previamente agendado, ao passo que, no segundo, o imprevisto das situações justifica a dispensa do contato preliminar [9].

Figura 1.4: Atividades e sub-atividades nas principais atribuições

Fonte: Adaptada de [1].

Qualquer que seja a porta de entrada utilizada, o doente poderá ser encaminhado a um dos três seguintes destinos: a internação, para atendimento clínico, cirúrgico ou obstétrico; os serviços de diagnóstico e tratamento, para a realização de algum exame complementar de esclarecimento de diagnóstico; a alta definitiva ou a definição de uma data para retorno ao hospital. No entanto, o hospital moderno está ainda solicitado a participar de outras atividades que contribuem para a elevação do padrão de saúde da população, a saber, as chamadas ações básicas de saúde.

As ações básicas de saúde referem-se a programas e projetos que visam à promoção da saúde e à prevenção da doença, sempre de elevada eficiência e de alta contribuição para a saúde da população. Todas essas atividades de natureza preventiva interessam não apenas à população como um todo, mas especialmente aos agentes que são os grandes financiadores da atividade hospitalar no momento atual, representados por grupos e cooperativas médicas, empresas de seguro saúde e modelos de autogestão [9].

HISTÓRICO

Em seu estudo sobre a história e evolução dos hospitais para o Ministério da Saúde, Campos informa que a palavra hospital é de raiz latina (*Hospitalis*) e de origem relativamente recente. Vem de *hospes* – hóspedes, porque, antigamente, nessas casas de assistência eram recebidos peregrinos, pobres, e enfermos. O termo hospital tem hoje a mesma acepção de *nosocomium,* de fonte grega, cuja significação é – tratar os doentes – como *nosodochium* quer dizer – receber os doentes. Outros vocábulos constituíram-se para corresponder aos vários aspectos da obra de assistência: *ptochodochium, ptochotrophium,* asilo para os pobres; *poedotrophium,* asilo para as crianças; *orphanotrophium,* orfanato; *gynetrophium,* hospital para mulheres; *zenodochium, xenotrophium,* refúgio para viajantes e estrangeiros; *gerontokomium,* asilo para velhos; *arginaria,* para os incuráveis.

Inicialmente, o hospital nasce como local de isolamento. Ele já existia na Grécia de Esculápio (Figura 1.5) e na Roma Antiga, onde vários templos criados para homenagear esse sábio Deus serviam de abrigo aos pobres, velhos e enfermos. Na China, no Ceilão e no Egito, antes de Cristo, há registros de hospedarias, hospitais e hospícios, palavras com a mesma raiz latina, onde almas pias patrocinavam e cuidavam de peregrinos, crianças, velhos, vagabundos e doentes.

Na Idade Média, o hospital adquire novos contornos e missões. À época, o império islâmico tinha 34 hospitais com características semelhantes entre si e bastante distintas dos hospitais europeus. Estes últimos permaneciam com sua missão essencialmente espiritual, dando atendimento religioso e socorrendo gratuitamente, os doentes e moribundos [10].

A Europa pós-renascimento vive transformações econômicas, políticas e sociais que constituem um novo reesquadrinhamento urbano, conforme citado por Braga. O comércio cresce e as cidades começam a atrair a população do campo. Esse movimento traz, além de oportunidades de trabalho, problemas de saúde. Nesse contexto, remodela-se o hospital. Este se configura, inicialmente, como um morredouro, um espaço de controle e coerção dos desvalidos, onde a função principal é remetida à salvação da alma e não à cura. Nesse momento, não é associado ao hospital, a função de cura, e nem mesmo a força de trabalho se faz presente de forma expressiva [11].

Durante o Mercantilismo, segundo Abbas, foram criados hospitais para o controle de doenças transmissíveis e apareceram as primeiras maternidades visando proteger os nascimentos. Com a Revolução Industrial, o rápido crescimento das cidades agravou as condições de vida das classes mais pobres e, sobretudo, os novos desenvolvimentos tecnológicos exigiam um fluxo mais ordenado do processo produtivo, requerendo mão de obra saudável [12].

No século XVIII, a presença da Clínica no hospital faz deste o local de observação, acumulação, formação e transmissão do saber. A doença pôde ser pesquisada estudando-se os casos e estabelecendo-se correlações entre eles. A doença era concebida como um fenômeno da natureza que se desenvolvia por uma ação particular do meio sobre o indivíduo. O principal alvo de intervenção não era o doente, mas o meio que o circundava.

Figura 1.5: Templo de Esculápio (Villa Borghese – Roma)
Fonte: Wikipédia. Disponível em: <http://commons.wikimedia.org/wiki/File:Tempio_di_esculapio.PNG>.
Acesso em: 24 de maio de 2010.

Figura 1.6: Médico atendendo paciente no hospital (Nürnberg, 1682)[1]
Fonte: Wikipédia. Disponível em: <http://commons.wikimedia.org/wiki/File:Physician_in_hospital_sickroom_printed_1682.jpg>. Acesso em: 24 de maio de 2010.

---

[1] Impressão por chapa de cobre de: J. Ch. Thiemen, *Haus-, Feld-, Koch-, Kunst-, etc. Buch* (Nürnberg, 1682).

Somente no final do século XVIII o hospital torna-se um instrumento destinado a curar, inaugurando um certo rompimento com o hospital exclusão. Essa mudança é assinalada pela realização de visitas com a observação sistemática e comparada dos hospitais.

O modelo hospitalocêntrico de cura continua a crescer e, as guerras geradas pelas políticas expansionistas dos Estados absolutistas tornam os cirurgiões cada vez mais necessários, conferindo-lhes um crescente prestígio. Foi com a cirurgia que se desenvolveram técnicas de anestesia e antisepsia [11].

O século XIX marca o nascimento da medicina moderna, quando a prática do saber médico se vincula à racionalidade científica.

A doença deixa de ser concebida como forma de existência que invade o corpo e passa a ser percebida como decorrência de um processo com existência material nos componentes do próprio corpo. Se anteriormente o foco de intervenção estava centrado no meio ambiente, este se desloca para o corpo do indivíduo, o que caracteriza o rompimento com o hospital exclusão.

O ambiente hospitalar tem em Florence Nightingale[2] (1820-1910) um divisor. São duas realidades: antes dela, o hospital era uma casa de repouso, onde os insetos e roedores disputavam o alimento com os pacientes, onde os mortos e vivos permaneciam no mesmo leito; e depois dela, onde a melhoria da qualidade de vida é uma busca constante.

Segundo Costeira, os estudos de Pasteur (1822-1895) trouxeram mudanças radicais para a prática médica. Com a descoberta do agente etiológico (microrganismo) se institucionaliza uma forma de intervenção sobre a doença centrada em seus aspectos biológicos, o tratamento passa a ser baseado na imunização e no uso de medicamentos. O modelo biológico se torna hegemônico na medicina, dissociando-se do social.

No século XX, os hospitais atingem conformações mistas nas estruturas físicas, com plantas concebidas para a ampliação e a incorporação de novos serviços e usuários, tentando acompanhar o enorme desenvolvimento da ciência médica, a incorporação de tecnologia e o aumento da clientela, agregando populações que, até então, não logravam acesso a essas instituições.

A partir da década de 1980, os projetistas tentam conciliar, por meio da abordagem arquitetônica e urbanística, a funcionalidade e a humanização para ambientes hospitalares. A proposta é a de trazer o meio ambiente urbano para o interior do hospital. As funções são organizadas e implantadas ao longo de uma grande avenida interna. A monumentalidade das estruturas monobloco desaparece e dá lugar a um jogo de volumes compactos, mais urbano. Cuidados especiais são aplicados às questões da ambientação dos interiores e à iluminação natural.

Um dos primeiros hospitais que se tem notícia, no Brasil, foi fundado no período entre 1543 e 1545, por Braz Cubas (1507-1592), na Aldeia de Todos os Santos, hoje cidade de Santos, quando aqui chegou com a expedição de Martim Afonso de Souza (1530-1532). Foi implantado para socorrer os doentes da terra e, também, os marinheiros acometidos por doenças estranhas a esta terra (Figura 1.7). É, também, dessa época, o ano de 1540, a fundação de um hospital em Olinda.

---

[2] Ela é considerada a fundadora da enfermagem moderna.

Outro hospital pioneiro, no Brasil, foi fundado no governo de Tomé de Souza, em Salvador, então capital, por volta de 1552. O primeiro hospital do Rio de Janeiro foi fundado pelo padre José de Anchieta (1534-1597), com os mesmos propósitos do estabelecimento de Santos, em 1582, na ocasião em que a Armada de Castela foi atingida por temporais. Trata-se do Hospital da Cidade de São Sebastião do *Ryo de Janeiro*, como início do atendimento da Casa da Santa Misericórdia [13].

Figura 1.7: O Rancho Grande (dos Tropeiros), e ao fundo o terceiro hospital próprio da Misericórdia de Santos, de 1836, e Capela de Santa Izabel e São Francisco de Paula (1775), em local hoje correspondente aproximadamente ao trecho inicial da atual Avenida São Francisco, junto ao largo S. Francisco de Paula (onde no século XX foi construída a alça de acesso do túnel Rubens Ferreira Martins ao elevado Aristides Bastos Machado), e à atual Praça dos Andradas. Tela de Benedito Calixto.
    Fonte: Disponível em: <http://www.novomilenio.inf.br/santos/h0260d.htm>. Acesso em: 24 de maio de 2010.

A origem de quase todos os hospitais brasileiros está em grupos religiosos ou de médicos [8].

A estruturação das políticas de saúde no Brasil, conforme Bertolozzi pode ser estudada através dos seguintes períodos da história: colonial, primeira República até a Revolução de 1930 e o populismo de 1945 a 1960, anos 1960 até o fim da Ditadura Militar; e da Nova República até a atualidade [14].

A longa história da ciência médica e seus praticantes apresentam fatos que permitem compreender os efeitos da tecnologia e das descobertas realizadas. Gordon [15] [16] apresenta o impacto dessa evolução, citando, por exemplo, as amputações que eram feitas sem anestesia, e uma cirurgia que resultou em 3 óbitos (paciente, auxiliar e espectador).

LEGISLAÇÃO

A legislação brasileira referente à saúde pode ser encontrada na página do Ministério da Saúde[3]. A seguir, é apresentada uma listagem da legislação básica:

- Constituição Federal (arts. 196 a 200).
- Emenda Constitucional 29, de 13.09.2000: Altera os arts. 34, 35, 156, 160, 167 e 198 da Constituição Federal e acrescenta artigo ao Ato das Disposições Constitucionais Transitórias, para assegurar os recursos mínimos para o financiamento das ações e serviços públicos de saúde.
- Lei 8.080, de 19.09.1990: Lei orgânica da Saúde que dispõe sobre as condições para a promoção, proteção e recuperação da saúde, a organização e o funcionamento dos serviços correspondentes e dá outras providências.
- Lei 9.836, de 23.09.1999 (Acrescenta dispositivos à Lei 8.080).
- Lei 11.108, de 07.04.2005 (Altera a Lei 8.080).
- Lei 10.424, de 15.04.2002 (Acrescenta capítulo e artigo à Lei 8.080).
- Lei 8.142, de 28.12.1990: Dispõe sobre a participação da comunidade na gestão do Sistema Único de Saúde (SUS) e sobre as transferências intergovernamentais de recursos financeiros na área da saúde e dá outras providências.
- Portaria 2.203, de 05.11.1996: Aprova a Norma Operacional Básica (NOB 01/96), que redefine o modelo de gestão do Sistema Único de Saúde.
- Portaria 373, de 27.02.2002: Aprova, na forma do Anexo desta Portaria, a Norma Operacional da Assistência à Saúde – NOAS-SUS 01/2002.
- Resolução 399, de 22.02.2006: Divulga o Pacto pela Saúde 2006 – Consolidação do SUS e aprova as diretrizes operacionais do referido pacto.

GESTÃO HOSPITALAR

A gestão hospitalar é complexa. Podemos repetir as palavras de Peter Drucker[4]: "Os hospitais estão entre os organismos mais complexos de serem administrados. Neles, estão reunidos vários serviços e situações simultâneas: hospital é hotel, lavanderia, serviços médicos, limpeza, vigilância, restaurante, recursos humanos, relacionamento com o consumidor. De certa forma, é natural que todos esses organismos sejam, cada vez mais, regidos por leis, normas, regulamentações e portarias, vindas de diversos órgãos e instituições – um arcabouço legal cada vez mais dinâmico e variado." [17]

---

[3] http://portal.saude.gov.br/portal/saude/, seção legislação. Acessado em 15 de outubro de 2009.

[4] Peter Drucker (1909-2005), de origem austríaca, é considerado o pai da administração moderna.

Administrativa

Um hospital geralmente se organiza de forma hierárquica (Figuras 1.8, 1.9 e 1.10) e essa estrutura normalmente está representada na forma de um organograma.

O organograma favorece a hierarquia, a colocação de cada um em seus devidos trabalhos e responsabilidades; favorece a organização e a estruturação, além de agrupar as pessoas em funções afins, para assim melhorar a organização dos recursos humanos para poder aproveitar melhor o trabalho.

Outra vantagem é o benefício de saber a quem recorrer, prestar contas e a quem cobrar, organizando melhor o direcionamento dos problemas.

Embora seja essa a organização predominante, existem Hospitais trabalhando de uma forma matricial, por linhas de cuidados assistenciais, por entenderem que o paciente não possui uma doença isolada, necessitando da interação de equipes multiprofissionais trabalhando de forma integrada. A mesma lógica tem sido aplicada para os níveis gerenciais.

Financeira

Os hospitais são classificados, conforme Abba, em entidades com fins lucrativos e sem fins lucrativos. Nas empresas hospitalares de fins lucrativos, a otimização de lucros visa remunerar o capital investido a uma taxa satisfatória.

Poder-se-ia supor que as empresas hospitalares sem fins lucrativos não devem obter lucro. Não é nesse sentido, todavia, que uma entidade se caracteriza como "sem finalidade lucrativa". Não lucrativo não significa que o hospital não possa obter lucro, mas sim, que nenhuma das partes dos lucros líquidos do hospital pode ser dirigida em benefício de qualquer cidadão.

Os avanços tecnológicos são fantásticos, porém os preços cobrados pelos hospitais brasileiros são cada vez mais altos. A tecnologia é um fator determinante para o aumento dos custos da saúde [12].

Para Couttolenc et al., a maioria dos serviços, e os de saúde em particular, tem como peculiaridade o fato de que sua produção não pode ser dissociada do seu consumo: o serviço de saúde só se concretiza, só existe, no momento em que é entregue ao usuário ou cliente. Ao contrário de um bem físico, ele não pode ser estocado para venda ou consumo posterior. Porém, à parte essa característica, os serviços de saúde podem ser vistos como qualquer outro serviço ou bem: são produzidos pela utilização de insumos (ou recursos ou "matérias-primas") e entregues a um destinatário individual (o paciente) ou coletivo (a comunidade). Em outras palavras, no processo de produção de serviços de saúde "entram" insumos e "sai" um produto final, o serviço de saúde propriamente dito.

Os insumos utilizados incluem recursos humanos, materiais médicos ou hospitalares, equipamentos e instalações e a tecnologia para operá-los; eles têm, necessariamente, um custo, mesmo que a unidade ou instituição que os utilize não realize nenhum desembolso direto por eles. Esse custo pode ser ressarcido quando da entrega do serviço ao usuário (quando este paga ao prestador pelo serviço), coberto mediante algum sistema de pré-pagamento ou seguro (como é comum nos

Estabelecimentos assistenciais de saúde 41

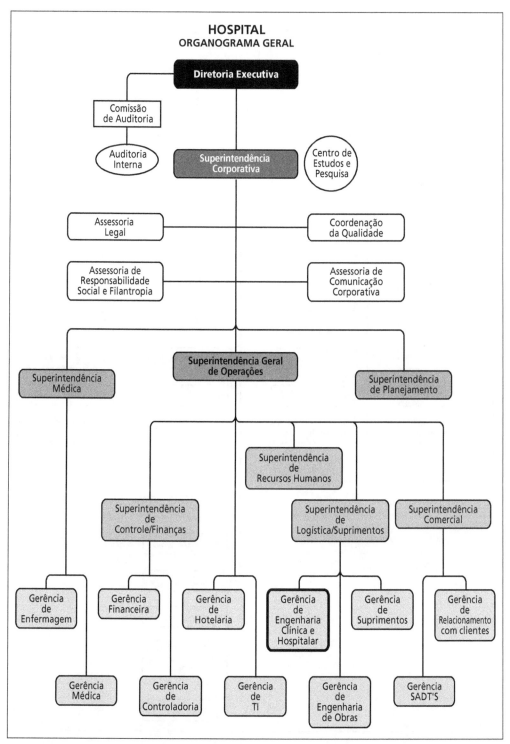

Figura 1.8: Exemplo genérico de organograma

Fonte: Elaborada pelos autores.

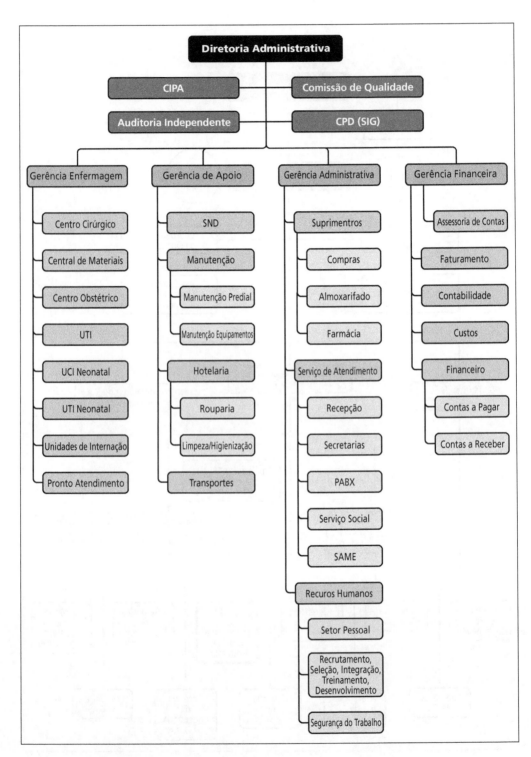

Figura 1.9: Exemplo de organograma – administrativo

Fonte: Elaborada pelos autores.

Estabelecimentos assistenciais de saúde 43

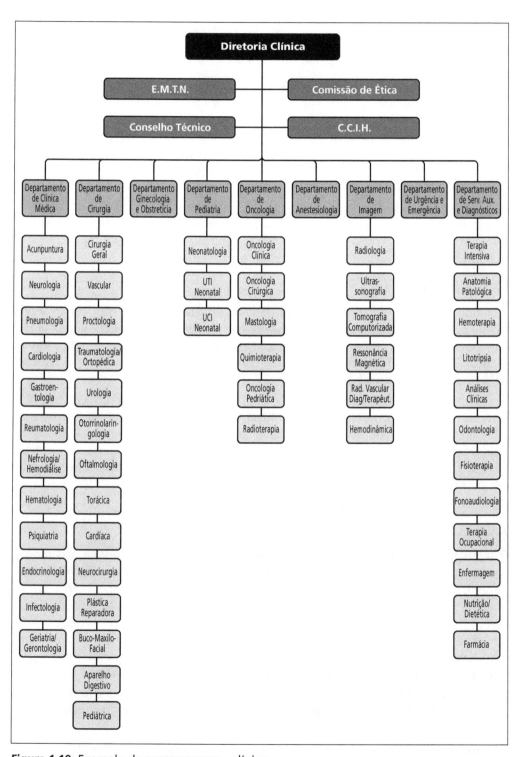

Figura 1.10: Exemplo de organograma – clínico

Fonte: Elaborada pelos autores.

serviços privados puros, ou seja, aqueles não contratados pelo SUS), ou financiado por impostos ou contribuições arrecadados pelo poder público, como é o caso, no Brasil, da assistência à saúde no âmbito do SUS.

Qualquer que seja a forma de financiamento dos serviços, porém, esse custo existe e é *arcado, em última instância, pela população*, seja via pagamento direto ao prestador, prêmio de seguro ou mensalidade, ou via impostos e contribuições. A responsabilidade do prestador, de utilizar esses recursos da melhor maneira possível, e de oferecer o melhor produto pelo preço que custa é, portanto, a mesma no setor público e no setor privado. Nos dois casos, os recursos são escassos, e deve-se fazer o melhor uso possível deles [18].

A grande maioria da população brasileira é, hoje, atendida pelo SUS. A alternativa a que grande parte da população recorre são os convênios médicos, entidades prestadoras de serviços com as quais o usuário mantém contrato de prestação de serviços [2].

O AMBIENTE HOSPITALAR

Segundo Chelson, o sucesso e o progresso na carreira do gestor irão depender da capacidade de trabalhar com outras pessoas, motivá-las, influenciá-las e gerenciá-las, não importa o quanto tecnicamente ou brilhante ele seja. Muitas vezes, não existem respostas exatas para os problemas de gestão de recursos humanos, apenas soluções melhores ou piores [19].

No ambiente hospitalar, Silva *et al.* identificam que as demandas são pressões de natureza psicológica, sejam elas quantitativas, tais como tempo e velocidade na realização do trabalho, ou qualitativas, como os conflitos entre demandas contraditórias. Demandas essas que podem levar ao estado de estresse, definido pela primeira vez em 1963 por Selye: "um conjunto de reações que um organismo desenvolve ao ser submetido a uma situação que exige um esforço de adaptação" [20].

ACREDITAÇÃO

O manual de Acreditação Hospitalar[5], do Ministério da Saúde, define a acreditação como um procedimento de avaliação dos recursos institucionais, voluntário, periódico e reservado, que tende a garantir a qualidade da assistência por meio de padrões previamente aceitos. São estabelecidos padrões, em grau de complexidade crescente, os quais orientam a avaliação dos diversos serviços do hospital. O *status* de acreditado conota sempre confiança no hospital por parte dos clientes internos e externos, bem como da comunidade em geral. Constitui, essencialmente, um programa de educação continuada e, jamais, uma forma de fiscalização.

O desenvolvimento de um programa de acreditação está vinculado à racionalização dos serviços por intermédio de um mecanismo baseado na avaliação da qualidade da

---

[5] O manual foi aprovado na RDC 93, de 26 de maio de 2006: "Dispõe sobre o Manual Brasileiro de Acreditação de Organizações Prestadoras de Serviços de Saúde e as Normas para o Processo de Avaliação."

assistência médico-hospitalar. Esse processo de racionalização concorre para a revisão da capacidade instalada assistencial, para a substituição de infraestrutura precária ou para a adaptação de edifícios construídos com outras finalidades. Desse modo, surge a necessidade de estabelecer uma base de qualidade e segurança assistencial, abaixo da qual a provisão de serviços deva ser desencorajada. No Programa Brasileiro de Acreditação Hospitalar a linha de base da qualidade assistencial dos hospitais é dada pelo nível. A disparidade dos níveis de qualidade existentes é também facilitada por uma grande variedade de legislação de licenciamento (habilitação e alvará) que, em alguns casos, é atualizada e, em outros, é obsoleta ou se aplica inadequadamente.

A missão essencial das instituições hospitalares é atender seus pacientes da forma mais adequada. Por isso, todo hospital deve preocupar-se com a melhoria permanente da qualidade de sua gestão e assistência, buscando uma integração harmônica das áreas médica, tecnológica, administrativa, econômica, assistencial e, se for o caso, de docência e pesquisa [21].

Os princípios do processo de avaliação

A seguir, serão apresentados conceitos, conforme expostos no curso TALSA multiplicadores da Organização Nacional de Acreditação (ONA).

A característica fundamental da metodologia é a verificação integral da conformidade de todos os serviços da unidade de saúde, baseada em um sistema de padrões e itens de orientação.

O processo de acreditação é um método de consenso, racionalização e ordenação das Organizações Prestadoras de Serviços de Saúde – OPSS e, principalmente, de educação permanente dos seus profissionais.

Dessa forma, o Sistema Brasileiro de Acreditação considera que a organização de saúde é um sistema complexo, no qual as estruturas e os processos da organização são de tal forma interligados, que o funcionamento de um componente interfere em todo o conjunto e no resultado final, sendo assim, no processo de avaliação e na lógica do Sistema Brasileiro de Acreditação, não se avalia um setor ou departamento isoladamente.

Para avaliar a qualidade das OPSS, são utilizados instrumentos de avaliação específicos – Manual Brasileiro de Acreditação de Organizações Prestadoras de Serviços Hospitalares (MBAOPSS Hospitalares), MBAOPSS Hemoterapia, MBAOPSS Laboratórios – segundo a especialidade e a atividade fim desenvolvida pela organização de saúde.

Os padrões de avaliação são expectativas mínimas desejáveis de desempenho de uma organização. Os padrões são definidos em três níveis de complexidade crescente e com princípios orientadores específicos, que são:

- Nível 1: segurança.
- Nível 2: segurança e organização.
- Nível 3: segurança, organização e práticas de gestão e qualidade.

Para cada nível, são definidos itens de orientação que norteiam o processo de visita e a preparação da OPSS para a avaliação.

As instituições, em qualquer momento durante o processo de preparação da visita ou durante o processo de avaliação/visita da OPSS, poderão recorrer ao fórum de jurisprudência, a fim de esclarecer aspectos omissos nas Normas Técnicas ou no Manual de Acreditação específico.

Principais vantagens do processo de acreditação

- Caminho para a melhoria contínua;
- Qualidade da assistência;
- Segurança para os pacientes e profissionais;
- Critérios e objetivos concretos, adaptados à realidade brasileira;
- Uso do processo como ferramenta de motivação, disseminação e consolidação da Política de Qualidade.

Spiller et al., sugere haver a tendência de que, em futuro próximo, as pessoas irão escolher o EAS para atendimento baseadas em critérios objetivos. Essa direção é observada em todo o mundo e já se aproxima do Brasil, onde muitos EAS seguindo a tendência buscam certificar sua organização por meio da Acreditação [22].

Principais interessados no processo de acreditação

- Líderes/Administradores
- Profissionais de Saúde
- Organizações de Saúde
- Sistemas Compradores
- Governo
- Cidadão

Empresas certificadoras

Organização Nacional de Acreditação
http://www.ona.org.br/

Joint Commission International – JCI
http://pt.jointcommissioninternational.org/enpt/

Consórcio Brasileiro de Acreditação
http://www.cbacred.org.br/

Accreditation Canadá
http://www.iqg.com.br/

The International Society for Quality in Health Care
http://www.isqua.org/

ENGENHARIA EM SERVIÇOS DE SAÚDE

Alexandre Ferreli Souza

Resumo: justifica a presença da engenharia no EAS em virtude da necessidade de gerir a tecnologia. Apresentação das Engenharias de Manutenção e Engenharia Clínica. Conceituação de avaliação de tecnologia aplicada na saúde, como uma ferramenta poderosa para aquisição de novas tecnologias. Acidentes em EAS. Implicações legais do erro na área da saúde.

Palavras-chaves: Engenharia Clínica, Engenharia de Manutenção, acidentes, Código Penal, Código Civil.

Os Currículos dos Cursos de Engenharia deverão dar condições a seus egressos para adquirir competências e habilidades para:

a) *aplicar conhecimentos matemáticos, científicos, tecnológicos e instrumentais à engenharia;*
b) *projetar e conduzir experimentos e interpretar resultados;*
c) *conceber, projetar e analisar sistemas, produtos e processos;*
d) *planejar, supervisionar, elaborar e coordenar projetos e serviços de engenharia;*
e) *identificar, formular e resolver problemas de engenharia;*
f) *desenvolver e/ou utilizar novas ferramentas e técnicas;*
g) *supervisionar a operação e a manutenção de sistemas;*
h) *avaliar criticamente a operação e a manutenção de sistemas;*
i) *comunicar-se eficientemente nas formas escrita, oral e gráfica;*
j) *atuar em equipes multidisciplinares;*
k) *compreender e aplicar a ética e responsabilidade profissionais;*

l) avaliar o impacto das atividades da engenharia no contexto social e ambiental;
m) avaliar a viabilidade econômica de projetos de engenharia;
n) assumir a postura de permanente busca de atualização profissional.

Ministério da Educação
Pa CNE/CES 1.362/2001
Diretrizes Curriculares Nacionais dos Cursos de Engenharia

INTRODUÇÃO

Nas últimas décadas foram realizados avanços de Engenharia aplicados ao setor de saúde. Equipamentos médicos de média e alta complexidade tornaram-se itens essenciais para auxiliar no diagnóstico de doenças e no auxílio do suporte à vida. Com o aumento da tecnologia e dos avanços científicos empregados, os níveis de riscos e danos aos pacientes também foram incrementados [23].

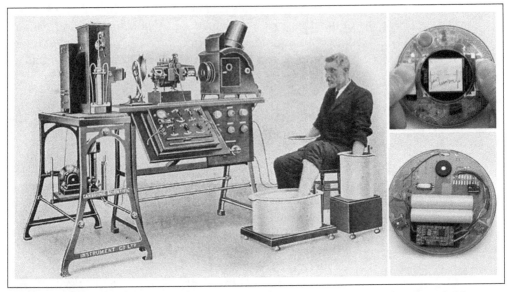

Figura 2.1: Evolução do registro do eletrocardiograma: primeiro eletrocardiógrado[1] (esquerda) e um modelo portátil[2] (direita)
Fonte: Wikipédia. Disponível em: <http://en.wikipedia.org/wiki/Willem_Einthoven>; Techchee, disponível em: <http://techchee.com/2008/02/27/portable-ecg-always-check-your-heart-on-the-road/>, ambas acessadas em: 24 de maio de 2010.

---

[1] O eletrocardiógrafo foi inventado no início do século XX pelo cientista holandês Willem Einthoven (1860-1927), mostrado nesta fotografia com o seu invento. Ele tinha dimensões suficientes para ocupar uma sala, peso de 270 quilos e exigia a presença de cinco operadores, ao mesmo tempo, para a realização do exame.

[2] Disponível em: *<http://www.techchee.com/2008/02/27/portable-ecg-always-check-your-heart-on-the-road/>*. Acesso em: 30 ago. 2009.

A gestão da tecnologia, em paralelo, aumentou a sua complexidade. São necessários conhecimentos de Engenharia Clássica (Civil, Elétrica, Hidráulica, Mecânica, Eletrônica etc.) somados aos ramos interdisciplinares: Engenharia Biomédica, Engenharia Clínica, e Engenharia de Manutenção.

O gestor de EAS precisa de conhecimento sobre o negócio da saúde (seu foco de trabalho) e diretrizes (e/ou) ferramentas para avaliar o gerenciamento tecnológico e da manutenção. Sem esses conhecimentos, o gestor pode tomar decisões (especialmente no que se refere aos custos) que irão gerar resultados a curtíssimo prazo, porém, poderão comprometer todo o negócio a médio e longo prazo.

Conforme Dalledonne, a gestão está baseada em seis atividades: execução, supervisão, coordenação, planejamento, controle e decisão referente a processos específicos [24]. Em manutenção hospitalar, o gestor precisa minimizar a descontinuidade (ou seu impacto) nos serviços prestados aos clientes que vão em busca de assistência médica. Atualmente, segundo Eppler, a função de maior importância dentro de qualquer companhia é criar e reter clientes, tendo em mente que um atendimento exemplar não é mais uma questão de opção [25].

Uma linha de atuação dentro da gestão é a gestão de máquinas e equipamentos. As falhas sempre irão ocorrer, e cabe ao gestor definir junto com o Engenheiro Clínico, de Segurança ou de Manutenção, um plano estratégico para minimizar seus efeitos e evitar acidentes.

A indústria brasileira de insumos e equipamentos médico-hospitalares, odontológicos e de laboratórios faturou, em 2008, R$ 8,8 bilhões. O número representa um crescimento de 22% em relação a 2007. As exportações totalizaram US$ 581 milhões, registrando um crescimento de quase 11% em relação às vendas externas de 2007. Os dados são apontados em levantamento do Instituto de Estudos e Marketing Industrial (IEMI) realizado para a Associação Brasileira da Indústria de Artigos e Equipamentos Médicos, Odontológicos, Hospitalares e de Laboratórios (Abimo), entidade que reúne 320 associadas que, juntas, respondem por 91% do faturamento do setor [26].

ENGENHARIA DE MANUTENÇÃO

O termo "manutenção", segundo Monchy, tem sua origem no vocábulo militar, cujo sentido era "manter, nas unidades de combate, o efetivo e o material num nível constante". O aparecimento do termo "manutenção" na indústria ocorreu por volta do ano 1950 nos Estados Unidos. Na França, esse termo se sobrepõe progressivamente à palavra "conservação" [27].

Segundo a Associação Brasileira de Normas Técnicas – ABNT, manutenção é "a combinação de todas as ações técnicas e administrativas, destinadas a manter ou recolocar um item em um estado no qual possa desempenhar uma função requerida" [28].

A denominação Engenharia de Manutenção, segundo Pereira, apareceu entre os anos de 1950 a 1960 [29]. O objetivo desta área da Engenharia é manter o maior valor de disponibilidade do equipamento, utilizando a melhor técnica com o menor custo.

A história da Manutenção, segundo Siqueira, pode ser simplificada em três fases distintas: mecanização (primeira geração), industrialização (segunda) e automatização (terceira). Cada geração é influenciada pelas descobertas tecnológicas e mudanças de paradigmas.

A primeira geração (aproximadamente de 1940 a 1950) aplicava somente tarefas corretivas e serviços de limpeza e lubrificação.

A segunda geração (1950 a 1975) inicia-se pouco após a Segunda Guerra Mundial. Em virtude da falta de mão de obra, recursos, e a necessidade de aumentar a industrialização pós-guerra, a maior disponibilidade e vida útil dos equipamentos a um baixo custo passou a ser uma meta perseguida. Surgem as técnicas de manutenção preditiva (1950).

A terceira geração (iniciada a partir de 1975) inicia com técnicas que seguem a Qualidade Total (Manutenção Produtiva Total – *TPM – Total Productive Maintenance*) [30]. Em virtude das necessidades de confiabilidade, redução de custos, novas técnicas surgem para evitar a parada de produção (no caso industrial) ou falha no suporte à vida (na área da saúde): manutenção preditiva (troca de peças antes de seu final de vida), *RCM* ou MCC (*Reliability Centered Maintenance* – Manutenção Centrada na Confiabilidade) etc., conforme citado por Tavares [31].

Figura 2.2: O profissional de Engenharia não deve focar somente em supervisionar a operação e a manutenção de sistemas, mas sim desenvolver e/ou utilizar novas ferramentas e técnicas[3]

---

[3] Imagem do filme Tempos Modernos (*Modern Times*, Estados Unidos, 1936) de Charles Chaplin. O filme focaliza a vida na sociedade industrial caracterizada pela produção com base no sistema de linha de montagem e especialização do trabalho.

A Figura 2.3 ilustra um fluxograma resumido do processo de decisão em *RCM*, onde FAF (funcionar até falhar), MPBT (manutenção preventiva baseada no tempo), MPBC (manutenção preventiva baseada nas condições), MCBT (manutenção corretiva baseada no tempo), MO (manutenção de oportunidade), ME (manutenção emergencial), MPD (manutenção planejada contra defeitos). As letras X, Y e Z significam, respectivamente: unidade de tempo ou variável alternativa, decisão a ser tomada levando em conta os custos, pode ser requisito normativo [19].

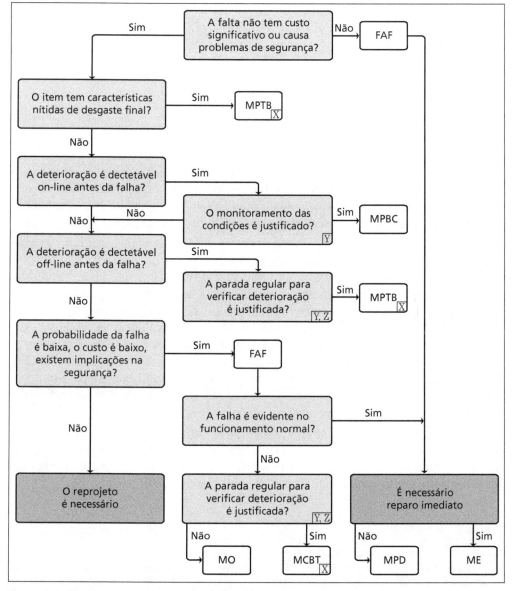

Figura 2.3: Fluxograma resumido do processo de decisão em *RCM*

Fonte: Adaptada de [19].

Os conceitos e técnicas de Engenharia de Manutenção devem ser aplicados pelo responsável por qualquer manutenção (hidráulica, elétrica, civil, mecânica etc.). A norma IEC 60300-3-11[4] e o relatório ATA MSG-3[5] (referentes à manutenção centrada em confiabilidade) propõem como objetivos para a manutenção:

1. Preservar as funções do equipamento, com a segurança necessária (maior quantidade de intervenções em um equipamento não é sinônimo de melhor manutenção).
2. Restaurar a sua confiabilidade e segurança projetada, após a falha.
3. Otimizar a disponibilidade.
4. Minimizar o custo do ciclo de vida (*LCC – Life Cycle Cost*).
5. Atuar conforme os modos de falha.
6. Realizar apenas as atividades que precisam ser feitas.
7. Agir em função dos efeitos e consequências da falha.
8. Documentar as razões para escolha das atividades.

A definição de uma metodologia de avaliação que determinará a criação de indicadores representativos da eficiência da manutenção que está sendo aplicada aos sistemas não deve ser negligenciada. É fundamental para o gestor do negócio, possuir parâmetros que possam balizar sua tomada de decisão com um grau razoável de confiabilidade. No Capítulo 4 será abordado o assunto indicadores.

Destaca-se que os indicadores de manutenção não devem considerar apenas os aspectos referentes a custo. Os indicadores devem ser os mais abrangentes possíveis, para que o gestor possua uma visão global das ações que estão sendo implantadas e qual o seu retorno para a qualidade, a confiabilidade, a segurança e a lucratividade do empreendimento. Heintezelman [32] apresentou em seus estudos duas conclusões: "Para cada dólar gasto em Manutenção Planejada, estamos economizando cinco dólares em gastos subsequentes" e "Os custos de atendimento para reparos e recuperação de danos em equipamentos submetidos ao processo de MANUTENÇÃO POR QUEBRA são sempre mais dispendiosos. Dependendo do tipo de equipamento esses custos podem ser superiores a 500% do atendimento periódico".

Webster considera que a área médico-hospitalar apresenta um atraso em relação às indústrias na área de manutenção. Por exemplo, a manutenção preventiva, até 1979, somente era praticada em indústrias, e, nos hospitais, era realizada apenas em equipamentos como caldeiras e ar-condicionado [33].

---

[4] IEC 60300-3-11 – *Edition* 1.0 (1999-03) TC/SC 56 – *Dependability management – Part 3-11: Application guide – Reliability centered maintenance.*

[5] ATA, MSG-3 *Operator/Manufacturer Maintenance Program Planning Document, Air Transport Association of America, Washington*, DC, USA.

"No Brasil, os custos médios com aquisição de tecnologia hospitalar podem atingir até 75% do valor total do capital necessário para a implantação de um hospital. O custo de manutenção hospitalar é de 10% (em relação ao faturamento bruto) e a média nacional entre todos os segmentos da economia é de 4,39%. A disponibilidade geral dos equipamentos e sistemas hospitalares é de 62%, contra 86% de média nacional de todos os segmentos" [6].

Marcorin et al. consideram que o dinheiro aplicado em programas de manutenção é, na verdade, um investimento, que proporciona redução não somente nos custos de reparo de máquinas, mas também nos de parada de máquinas, e seus efeitos, como por exemplo, o risco para o paciente [34].

A redução de orçamentos de Manutenção deve ser um item muito bem trabalhado pelo gestor. Uma vez aplicado, ao invés do resultado positivo esperado, as consequências são opostas: depreciação rápida de ativos e maior tempo de indisponibilidade dos equipamentos.

O relatório da Associação Brasileira de Manutenção (ABRAMAN) de 2009 apresenta mais alguns dados interessantes sobre a situação da manutenção no Brasil: [35]

- A relação entre o custo total de manutenção e o faturamento foi de 4,14% (acima da média mundial de 4,12%).
- Composição dos custos de manutenção: pessoal (31,09%), material (33,43%), serviços contratados (27,27%) e outros (8,21%).
- Homens-hora apropriados em serviços de manutenção em relação ao total de homens-hora trabalhados: manutenção corretiva (29,85%), manutenção preventiva (38,73%), manutenção preditiva (13,74%) e outros (17,68%).
- Disponibilidade operacional: 90,27%.

A atuação de um especialista em manutenção (engenheiro formado em uma das áreas clássicas da engenharia e com especialização na área) é o profissional que possui conhecimentos para otimizar os recursos aplicados a manutenção. Redução de custo não pode significar redução da qualidade e da confiabilidade dos sistemas.

ENGENHARIA CLÍNICA

O *American College of Clinical Engineering* (*ACCE*) define que a Engenharia Clínica é a aplicação dos conhecimentos da Engenharia e da Administração à tecnologia médico-hospitalar com o intuito de apoiar e aprimorar os serviços de saúde. Os profissionais que atuam nesta área são conhecidos como engenheiros clínicos [36].

Segundo Bronzino, a Engenharia Clínica surgiu nos Estados Unidos no final da década de 1960, quando se iniciou rapidamente o processo de implantação de equipamentos eletromédicos em EAS, em virtude das questões de segurança do paciente [37].

---

[6] Primeiro Seminário de Manutenção Hospitalar – BH/MG abril 2000 – citado ANVISA – UPSAN/agosto 2003.

A partir da década de 1980, a Engenharia Clínica começou a ter destaque dentro dos EAS como um gestor de tecnologia médico-hospitalar, realizando, entre outras tarefas (segundo DYRO):

- Segurança hospitalar
  - Programas de segurança
  - Investigação de eventos adversos
  - Análise e gerenciamento de risco
- Gestão de tecnologias em saúde (equipamentos)
  - Avaliação da tecnologia (adequação, custo, efetividade etc.).
  - Planejamento estratégico
  - Análise do ciclo de vida
  - Controle de equipamentos
  - Administração de contratos com terceiros
  - Verificação e calibração de equipamentos
  - Manutenção preventiva e corretiva
- Educação
  - Treinamento de pessoal clínico
  - Treinamento de pessoal técnico
- Padrões e regulamentos
  - Cumprimento de Normas
  - Atendimento a padrões de qualidade
  - Apoio no processo de acreditação e certificação hospitalar [38].

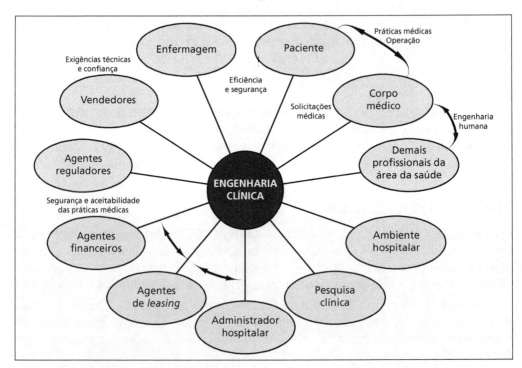

Figura 2.4: Atuação da Engenharia Clínica

Fonte: Adaptada de [37].

No Brasil a Engenharia Clínica teve início nas décadas de 1970 e 1980, como um suporte para o gerenciamento da tecnologia eletroeletrônica na área hospitalar, motivada pelo alto índice de equipamentos desativados ou parados por falta de manutenção e treinamento adequados [39].

Atualmente, além de estar presente em na maioria dos EAS, A Engenharia Clínica é foco de trabalhos e pesquisas desenvolvidas por centros acadêmicos, como por exemplo, da UFRJ (Programa de Engenharia Biomédica – COPPE), UFSC (Instituto de Engenharia Biomédica) e Unicamp (Centro de Engenharia Biomédica). A listagem completa dos centros existentes e maiores informações podem ser fornecidos pela Sociedade Brasileira de Engenharia Biomédica (SBEB). Em 2003, foi fundada a Associação Brasileira de Engenharia Clínica (ABEClin).

É importante a existência de um departamento de Engenharia Clínica, que forneça dados para definir objetivos, metas e, consequentemente, uso racional de recursos, corforme concluído por Souza em sua pesquisa [40].

Para Webster, o engenheiro clínico pode representar um canal de comunicação entre a dimensão do cuidado ao paciente e a dimensão tecnológica e econômica da utilização de equipamentos médico-hospitalares em um hospital. O *ACCE* afirma que o engenheiro clínico tornou-se a ponte entre uma medicina moderna e uma engenharia igualmente moderna [33].

O Engenheiro Clínico, como profissional com atribuições técnicas para apoiar e executar serviços nas instituições de saúde deve possuir conhecimentos nas áreas de: anatomia e fisiologia humana, fundamentos de eletrônica, instrumentação e transdução biomédica, organização e infraestrutura hospitalar, e gestão de tecnologias. O profissional pode ser graduado em Engenharia Clínica, ou ser original de uma área clássica de Engenharia com uma especialização (*lato* ou *stricto sensu*) em Engenharia Clínica e/ou Biomédica.

GESTÃO DE TECNOLOGIA

Avaliação de Tecnologia (*Technology assessment*) é uma forma de pesquisa que examina as consequências a curto e longo prazo para a sociedade (por exemplo, consequências econômicas, éticas, legais) da aplicação de uma tecnologia. Segundo Banta, o objetivo da avaliação de tecnologia é fornecer informações aos formadores de opinião sobre soluções alternativas [41]. Aplicada à saúde, torna-se uma ferramenta poderosa para aquisição de novas tecnologias.

O ciclo de vida de uma tecnologia pode ser dividido em três fases: incorporação, utilização e renovação/alienação.

A incorporação da tecnologia pelo EAS consta de quatro fases: especificação, aquisição, instalação e treinamento. A importância desse processo consiste no fato de que uma especificação e/ou instalação errada irá ocasionar desperdício de recursos durante toda a vida útil do equipamento.

A utilização da tecnologia pelo EAS exige quatro atividades contínuas: manutenção, calibração, treinamento e gerenciamento de contrato. A falta de eficiência nas atividades descritas acima irá gerar gastos excessivos com manutenção, erros de diagnóstico (com possíveis perdas judiciais), acidentes e indisponibilidade do equipamento com respectiva perda de faturamento.

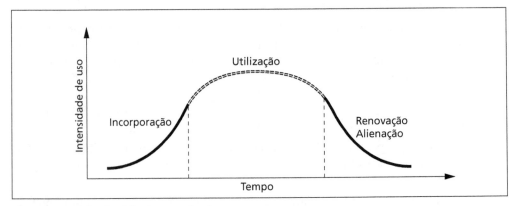

Figura 2.5: Ciclo de vida da tecnologia

Fonte: Adaptada de [41]

O último ciclo, a renovação/alienação é resultado de uma análise das ferramentas de manutenção, em que o custo de manter o equipamento, a baixa disponibilidade ou a tecnologia não ser mais viável indicam que o equipamento precisa ser substituído. Em paralelo, é realizada uma pesquisa sobre as novas tecnologias e as formas de sua implantação.

RDC 2

Em 25 de janeiro de 2010 foi publicada uma nova resolução da ANVISA que dispõe a respeito do gerenciamento de tecnologias em saúde em estabelecimentos de saúde [42].

O objetivo da RDC é estabelecer os critérios mínimos, a serem seguidos pelos estabelecimentos de saúde, para o gerenciamento de tecnologias em saúde utilizadas na prestação de serviços, de modo a garantir a sua rastreabilidade, qualidade, eficácia, efetividade e segurança e, no que couber, desempenho, desde a entrada no estabelecimento de saúde até seu destino final, incluindo o planejamento dos recursos físicos, materiais e humanos, bem como, da capacitação dos profissionais envolvidos no processo destes.

O estabelecimento de saúde deve designar profissional com nível de escolaridade superior, com registro ativo junto ao seu conselho de classe, quando couber, para exercer a função de responsável pela elaboração e implantação do Plano de Gerenciamento de cada Tecnologia utilizada na prestação de serviços de saúde.

Um programa de educação continuada deve ser implantado para os profissionais envolvidos nas atividades de gerenciamento, com registro de sua realização e participação.

O descumprimento das disposições contidas na Resolução e no regulamento por ela aprovado constitui infração sanitária, nos termos da Lei Federal 6.437, de

20 de agosto de 1977, sem prejuízo das responsabilidades civil, administrativas e penal cabíveis.

ACIDENTES EM EAS

A Engenharia existente em um EAS tem um papel importante no processo de análise e investigação de acidentes. Estes podem ser ocasionados por diversos fatores, entre eles, erros de operação e/ou falha durante o uso de equipamentos médicos, ou falhas na infraestrutura de suporte. Dessa forma, é importante que o setor de Engenharia saiba atuar nesses casos, reconhecendo suas consequências.

O acidente com equipamento médico:
- pode ocasionar um ou mais óbitos;
- pode ocasionar injúrias;
- envolve indisponibilidade do equipamento (temporária ou permanente);
- envolve perdas por processo judicial;
- envolve perdas por propaganda negativa.

Definições

Incidente: é qualquer acontecimento fora de ordem. Pode ser a existência de quatro elementos alojados em uma caixa que deveria possuir seis elementos; pode ser a alimentação que, servida ao paciente, esteja fria.

Acidente: o conceito de acidente pode ser aplicado a um equipamento danificado (perdas materiais) ou quando alguém sofre algum tipo de lesão que venha a provocar danos ao indivíduo que foi vitimado.

Acidente do trabalho (conceito legal): é aquele que ocorre pelo exercício do trabalho a serviço da empresa, provocando lesão corporal ou perturbação funcional que leva à morte, perda ou redução, permanente ou temporária, da capacidade para o trabalho.

O *Institute of Medicine of the National Academies* (IOM) apresentou um trabalho [43] no qual se estimou que, anualmente, entre 44.000 a 98.000 norte-americanos morrem em decorrência de erros que acontecem no sistema de saúde.

É importante distinguir erro médico (iatrogênese) de acidente ocasionado por manutenção ou falha de equipamento médico.

A iatrogênese (um termo muito discutido em acidentes na área hospitalar) se refere aos danos causados por médicos, e essa definição tem sido transportada para intervenções médicas e de enfermagem. A complicação iatrogênica é definida como qualquer desordem (enfermidade) que resulta de um procedimento de diagnóstico ou terapêutico.

Conforme Harada [44], o erro pode ser definido como o uso, não intencional, de um plano incorreto para alcançar um objetivo, ou a não execução a contento de uma ação planejada. Deve ser entendido conforme essa definição, no processo de pensamentos e ação envolvidos, e não como resultados. A principal causa do acidente é falha humana ou processos inadequados/inapropriados. Falta de treinamento e/ou conhecimento (este assunto será abordado no capítulo de Educação Continuada).

Os equipamentos médicos que são produzidos por empresas confiáveis e certificados pelos principais órgãos regulatórios do mundo apresentam baixo índice de falhas que possam causar acidente. Desde que sejam seguidas as recomendações do fabricante para operação e manutenção.

A correta manutenção atua na redução de erros relativos aos equipamentos, por meio da realização de calibrações, troca de peças comprometidas e procedimentos de verificação prévia, conforme Short *et al*. [45].

Um trabalho realizado em 2000 pela empresa Vade Mecum de consultoria [46] constatou que o índice de erros médicos causados por equipamento é pequeno (5,7%) relacionado com outros problemas (61,8% = cansaço + falta de infraestrutura + negligência + incompetência).

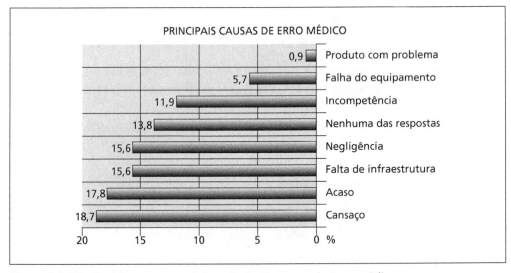

Figura 2.6: Distribuição percentual das principais causas de erro médico

Fonte: [46].

Observa-se pela Figura 2.6 que o somatório das falhas de infraestrutura e equipamento é de 21,4%. Percebe-se que uma manutenção bem planejada é um fator decisivo na redução das causas de erro médico.

Exemplos de acidentes ocorridos por erro operacional e falha da manutenção serão apresentados no Capítulo 6, Educação Continuada.

Quando um acidente ocorre, a Agência Nacional de Vigilância Sanitária (ANVISA) deve ser avisada, e deve ser iniciado o procedimento recomendado no informativo *Cartilha de Notificações em Tecnovigilância* [47].

VISÃO JURÍDICA

As implicações legais do erro na área da saúde podem ser divididas em três partes: processo civil (Código Civil), processo criminal (Direito Penal), e processo administrativo no conselho profissional (Código de Ética Profissional) ao que o profissional estiver submetido.

No âmbito do Direito Civil, podem ser propostas ações indenizatórias, em razão de uma conduta culposa, ou seja, negligente, imperita ou imprudente que tenha gerado danos a alguém. Alguns juristas têm defendido que o prestador de serviços médicos tem de INDENIZAR (processo civil) a pessoa prejudicada, não podendo transferir a culpa para terceiros. A lógica é a seguinte: se resolveu prestar um serviço você tem de garantir a qualidade desse serviço, pois está ganhando dinheiro com isso. Não cabe culpar terceiros. O Novo Código Civil diz:

> "Art. 186. Aquele que, por ação ou **omissão voluntária**, **negligência** ou **imprudência**, violar direito e causar dano a outrem, ainda que exclusivamente moral, comete ato ilícito." [48]

Um reparo mal executado em um equipamento poderá ser devido a uma **NEGLIGÊNCIA** (mesmo tendo competência, o profissional não executou uma técnica corretamente) ou por **IMPRUDÊNCIA** (realizou um serviço o qual não tinha competência técnica para executar).

> "Art. 927. Aquele que, por ato ilícito (arts. 186 e 187), causar dano a outrem, fica obrigado a repará-lo." [49]

Em relação ao processo indenizatório, o Código diz:

> "Art. 948. No caso de homicídio, a indenização consiste, sem excluir outras reparações:
> I – no pagamento das despesas com o tratamento da vítima, seu funeral e o luto da família;
> II – na prestação de alimentos às pessoas a quem o morto os devia, levando-se em conta a duração provável da vida da vítima.
> **Art. 949.** No caso de lesão ou outra ofensa à saúde, o ofensor indenizará o ofendido das despesas do tratamento e dos lucros cessantes até ao fim da convalescença, além de algum outro prejuízo que o ofendido prove haver sofrido.
> **Art. 950.** Se da ofensa resultar defeito pelo qual o ofendido não possa exercer o seu ofício ou profissão, ou se lhe diminua a capacidade de trabalho, a indenização, além das despesas do tratamento e lucros cessantes até ao fim da convalescença, incluirá pensão correspondente à importância do trabalho para que se inabilitou, ou da depreciação que ele sofreu.
> **Parágrafo único.** O prejudicado, se preferir, poderá exigir que a indenização seja arbitrada e paga de uma só vez.
> **Art. 951.** O disposto nos arts. 948, 949 e 950 aplica-se ainda no caso de indenização devida por aquele que, no exercício de atividade profissional, por **negligência**, **imprudência** ou **imperícia**, causar a morte do paciente, agravar-lhe o mal, causar-lhe lesão, ou inabilitá-lo para o trabalho." [50]

Os tribunais de justiça têm manifestado o entendimento de que o erro tem de ser provado [44].

A imperícia consiste na falta de observação das normas, deficiência de conhecimentos técnicos da profissão e despreparo técnico. Um profissional técnico que repara um equipamento médico sem ter treinamento ou certificação do fabricante está praticando uma imperícia ou uma adulteração em um produto destinado a fins terapêuticos ou medicinais. Conforme a Lei 9.695:

> "Art. 1º O art. 1º da Lei 8.072, de 25.07.1990, alterado pela Lei 8.930, de 06.09.1994, passa a vigorar acrescido dos seguintes incisos:
>
> VII-B – falsificação, corrupção, adulteração ou alteração de produto destinado a fins terapêuticos ou medicinais (art. 273, caput e § 1º, § 1º-A e § 1º-B, com a redação dada pela Lei 9.677, de 02.07.1998)."

Os principais tipos penais relacionados com profissionais da área de saúde (pessoas físicas) são:

- Pena de 01 a 03 anos de detenção em caso de **homicídio culposo** (Código Penal, artigo 121, parágrafo 3º).
- Pena de 02 meses a 01 ano de detenção (podendo ela ser aumentada nos mesmos termos do homicídio culposo) em caso de **lesão corporal culposa** (Código Penal, artigo 129, parágrafo 6º).

Conforme o código de ética do Conselho Profissional, será aberto processo administrativo cujo resultado pode ir de uma advertência confidencial (em aviso reservado) à cassação do exercício profissional.

Para pessoa jurídica: advertência, intervenção, interdição, cancelamento da licença e/ou multa. Indenização (se causar dano).

Para finalizar, temos o Código de Defesa do Consumidor que prevê:

> "Art. 14. O fornecedor de serviços responde, independentemente da existência de culpa, pela reparação dos danos causados aos consumidores por defeitos relativos à prestação dos serviços, bem como por informações insuficientes ou inadequadas sobre sua fruição e riscos.
>
> § 4º – A responsabilidade pessoal dos profissionais liberais será apurada mediante a verificação de culpa."

Base legal

- **Lei Ordinária 3.268**, de 30.09.1957. Dispõe Sobre os Conselhos de Medicina, e da Outras Providencias.
- **Lei 6.437 de 1977**: Configura infrações à legislação sanitária federal, estabelece as sanções respectivas, e dá outras providências.
- **Lei 8.072 de 1990**: Dispõe sobre os crimes hediondos, nos termos do art. 5º, inciso XLIII, da Constituição Federal, e determina outras providências.
- **Lei 8.078**: código de defesa do consumidor.
- **Decreto Lei 8.620**: Dispõe sobre a regulamentação do exercício de profissões

de engenheiro, de arquiteto e de agrimensor, regida pelo Decreto 23.569, de 11.12.1933, e dá outras providências.

- **Lei 9.677 de 1998**: Altera dispositivos do Capítulo III do Título VIII do Código Penal, incluindo na classificação dos delitos considerados hediondos crimes contra a saúde pública, e dá outras providências.
- **Lei 9.695 de 1998**: Acrescenta incisos ao art. 1º da Lei 8.072, de 25.07.1990, que dispõe sobre os crimes hediondos, e altera os arts. 2º, 5º e 10 da Lei no 6.437, de 20.08.1977, e dá outras providências.
- **Lei 9.782 de 1999**: Define o Sistema Nacional de Vigilância Sanitária, cria a Agência Nacional de Vigilância Sanitária, e dá outras providências.
- **Lei 10.406 de 2002**: Novo Código Civil, Art. 951: trata-se de indenização a ser paga por PROFISSIONAL (QUALQUER PROFISSIONAL!) que por negligência, imprudência ou imperícia, causar a morte do paciente, agravar-lhe o mal, causar-lhe lesão, ou inabilitá-lo para o trabalho.

CONCLUSÃO

A presença de profissional de Engenharia no EAS é justificável como fator redutor de custos (sem comprometer a qualidade), consequência da correta gestão de tecnologia e de manutenção. Foram apresentadas as áreas de Engenharia Clínica e de Manutenção.

A disciplina de avaliação de tecnologia foi apresentada como uma ferramenta para aumentar o desempenho em gestão, na aquisição e alienação de tecnologias.

Os acidentes em EAS foram apresentados, assim como as consequências que esses acidentes podem gerar. Os acidentes relacionados com equipamentos podem ser minimizados com técnicas preventivas e preditivas de manutenção. Erros operacionais podem ser minimizados com treinamentos.

3 AQUISIÇÃO DE TECNOLOGIAS

Alexandre Ferreli Souza

Resumo: introdução à importância do processo correto de aquisição de tecnologias, apresentando suas principais fases: coleta de informações (definição das necessidades clínicas, verificação da infraestrutura necessária, busca de opções no mercado), negociação, avaliação das propostas e operacionalidade.

Palavras-chaves: gestão hospitalar, aquisição de equipamentos médicos, custo total proprietário, licitação.

INTRODUÇÃO

O custo dos equipamentos em função da complexidade e da sofisticação que se pretende imprimir ao hospital, oscila entre R$ 65 mil e R$ 90 mil por leito (valores de 1999, segundo Gonçalves) [51].

A aquisição de tecnologa para o EAS é um processo que precisa ser bem trabalhado para evitar:

- insatisfação da equipe médica em virtude de a tecnologia adquirida estar abaixo das necessidades/expectativas;
- subutilização de tecnologia que foi superdimensionada para a necessidade clínica;
- diminuição de produtividade em virtude de o equipamento apresentar longo período de falhas;
- custo de manutenção alto, gerando margem de lucro pequena ou negativa no valor do procedimento clínico;
- compra de tecnologia ultrapassada, necessitando de substituição em pouco tempo;
- desperdício financeiro: aquisição de um item com tecnologia superdimensionada, quando poderia-se comprar 10 itens com tecnologia que atenderia 100% a necessidade clínica.

A importância do processo de aquisição de bens por EAS fez com que a ANVISA publicasse um guia de boas práticas de aquisição, visando auxiliar os gestores [52].

O processo de aquisição de tecnologia é solicitado por um setor do EAS, visando reposição ou atualização, ou implantação de um item ou equipamento.

As etapas do processo podem ser agrupadas em coleta de informações (definição das necessidades, avaliação das condições ambientais e levantamento dos equipamentos existentes no mercado), definição (especificar o equipamento, solicitar propostas, avaliar propostas e equipamentos, escolher o fornecedor, emitir o contrato) e operacionalização (receber o equipamento, instalá-lo, receber treinamento, efetuar o pagamento). O processo de aquisição de Tecnologia segue o diagrama mostrado na Figura 3.1, adaptado do MS [53].

COLETA DE INFORMAÇÕES

Definição das necessidades

A coleta de informações inicia-se com a identificação da necessidade. Nessa etapa é importante a interação entre médicos, enfermagem e o engenheiro clínico. A equipe deve definir as especificações mínimas para atender as necessidades, de forma clara, direta e objetiva (essas especificações podem vir a ser usadas em edital para licitação).

Avaliação das condições ambientais

Definida as necessidades, é importante verificar quais são as necessidades de infraestrutura que a tecnologia exige para funcionar corretamente.

Os requisitos de infraestrutra geralmente envolvem:

- Espaço físico mínimo.
- Energia elétrica (potência instalada e se o tipo de instalação é adequado ao propósito destinado).
- Estrutura civil (suporte ao peso, isolamento de RF ou para radiação).

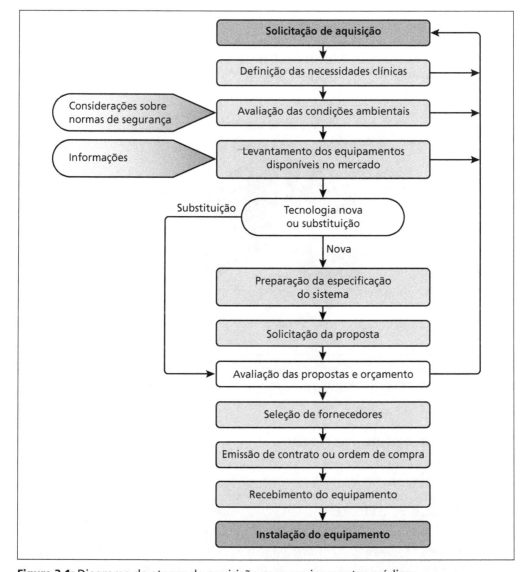

Figura 3.1: Diagrama de etapas de aquisição para equipamentos médicos

Fonte: Adaptada de [53].

- Temperatura e umidade.
- Vibração.
- Campos elétricos e magnéticos.
- Restrições de segurança (ambiente inflamável ou explosivo, utilização de produtos químicos agressivos ou tóxicos).

O custo de infraestrutura para tornar o ambiente propício à instalação deve ser mensurado para análise dos orçamentos. Para equipamentos complexos (tomografia, ressonância magnética, medicina nuclear etc.) o fabricante fornece um projeto para análise.

A infraestrutura correta garante a operacionalidade do item, mantendo os níveis de confiabilidade. Estudo realizado por Souza com equipamento de ressonância magnética demonstrou que 34% das falhas ocorridas no equipamento (Figura 3.2) foram ocasionadas pela operação fora das especificações do fabricante [54].

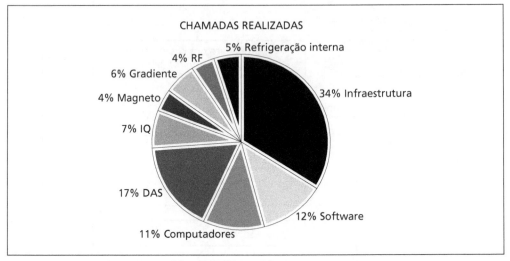

Figura 3.2: Análise de chamados em ressonância magnética, exibindo a participação de problemas causados por infraestrutura

Fonte: [54].

Busca de opções no mercado

Com as exigências definidas e conhecendo as condições ambientais, é necessário verificar as opções disponíveis no mercado que estejam dentro das especificações mínimas necessárias. Uma vez identificados os possíveis fornecedores, sugere-se entrar em contato com eles para obter as seguintes informações:

- Número de registro do item na ANVISA (quando aplicável).
- Descrição técnica que confirma que o item a ser adquirido atende a todas as especificações exigidas. Deve ser assinada pelo responsável técnico e comprovada por cópia de manual.

- Custo total de propriedade – CTP (Anexo C) para o período de cinco anos, informando o que impacta nesses custos (aquisição, treinamento, manutenção, acessórios, upgrades etc.).
- Indicadores de manutenção. O fabricante deve fornecer as informações abaixo:
  - Manutenabilidade (*MTTR* ou tempo médio para reparo).
  - Confiabilidade (*MTBF* ou tempo médio entre falhas).
  - Disponibilidade operacional.
  - **Data de fim-de-vida** (*EOL* ou *end-of-line*).
- Índice de depreciação.
- Registro de preço de treinamento.
- Registro de preço de contrato de manutenção. Devem ser registrados os preços de todas as modalidades (mão de obra, mão de obra mais peças, completo etc.).

   Observação: sugere-se solicitar a quantidade de equipamentos existentes por técnicos responsáveis pela manutenção. A sobrecarga imposta aos técnicose de manutenção pode indicar problemas futuros de falha de atendimento, em virtude da demanda se aproximar ou superar a plena capacidade da equipe.

   O melhor momento para negociar condições de um contrato de manutenção é durante a aquisição do item.

É importante que sejam coletadas algumas informções a respeito do fornecedor/fabricante do item para evitar suspresas desagradáveis no período de pós-venda:
- Número do registro na ANVISA e certificação das boas práticas de fabricação (quando aplicável).

   Observação: em alguns casos, especialmente em licitações, costumava ser exigida uma "carta de solidariedade" quando o fornecedor do item não é o fabricante, mas sim seu representante comercial. O objetivo é garantir que a contratada seja uma empresa com respaldo dos fabricantes. Em virtude de alguns recursos vitoriosos, este item tem caído em desuso, mas o Código de Defesa do Consumidor (Lei 8.078/90), em seus artigos 12 e 18 protegem o contratante.
- Referências de clientes do fornecedor que possuam o item, fornecendo carta com firma reconhecida e suas impressões sobre o bem e a assistência técnica.

   É importante buscar referências a respeito do atendimento e da equipe técnica que atende o cliente. A equipe deve possuir condições de trabalho, ferramental, qualificação e benefícios (fornecidos pela empresa), que aumentam a qualidade do serviço. A importância deste item é que se uma empresa não se preocupa com a qualidade do atendimento e a satisfação do cliente interno (funcionário), normalmente não irá se preocupar em

atender bem o cliente externo (a menos que existam pesadas cláusulas penais no contrato de aquisição e de manutenção).
- Assistência técnica. Neste item devem ser informados (sempre com comprovantes):
  - Nome dos técnicos com treinamento na fábrica. Técnicos qualificados têm mais possibilidade de reparar um equipamento em menos tempo.
  - Nome dos técnicos residentes na região (mínimo dois). A falta de técnicos residentes obriga a espera de disponibilidade desses profissionais para viagens e aumenta o custo do contrato de manutenção.
  - Registro dos técnicos no Conselho Regional de Engenharia.
  - Anotação de Responsabilidade Técnica (ART)[1] dos técnicos no Conselho Regional de Engenharia.
  - Registro em outro órgão, quando aplicável (CNEN, por exemplo).
  - Existe laboratório local para reparo?
  - Existe estoque local de peças?
  - Qual o prazo máximo para fornecimento de peças?
  - A empresa fornece equipamento de backup (quando aplicável)?

  Conforme citado por Spiller *et al.*, os equipamentos hospitalares são, em sua maioria, importados e de grandes proporções físicas. Dependendo da localização do EAS, seu deslocamento pode tornar-se inviável [22].

  Observação: é importante ressaltar que o registro no Conselho Regional e a ART são itens obrigatórios para o profissional da área técnica. A exigência da vinculação do profissional ao serviço por meio da ART (Anotação de Responsabilidade Técnica) é item obrigatório para os profissionais vinculados ao CREA. Não somente o engenheiro, mas também a empresa pode exigir dos técnicos de nível médio esse tipo de documento.

AVALIAÇÃO

Uma vez de posse de todas as informações, elas são avaliadas e pode ser definida a compra, ou as especificações clínica e técnica mínima podem ser enviadas para confecção de edital para licitação (Anexo B). É importante que o *pay back* (tempo entre o investimento inicial e o momento no qual o lucro líquido acumulado se iguala ao valor desse investimento) esteja bem definido. Por erro gerencial, muitos equipamentos foram retomados por falta de pagamento, pelo fato de sua compra não oferecer o retorno financeiro esperado.

Observação: no caso de licitação, é importante que, ao ser feita a descrição do bem, esta não fique direcionada para determinado fabricante.

Em alguns casos, tanto a especificação das necessidades como a escolha de um item entre vários, exige que se trabalhe com um conjunto de n alternativas a serem

---

[1] ART serve como um currículo registrado no conselho profissional, além disso, o serviço com ART tem validade jurídica, pois prova que foi realizado por um profissional habilitado. O costume de exigir ART evita a contratação de quem não está habilitado do mercado, pois o profissional não habilitado não pode requisitar este documento ao CREA da região.

ordenadas na presença de m critérios, quantitativos e qualitativos. Nestes casos, ferramentas da área de avaliação em tecnologia em saúde devem ser utilizadas.

A ATS pode apoiar o processo de decisão e melhorar a gerência dos recursos em saúde. Ela pode ser conceituada como um processo contínuo de avaliação que visa o estudo sistemático das consequências tanto a curto quanto em longo prazo da utilização de uma determinada tecnologia ou "pacotes" de tecnologias. É, de acordo com Banta, um processo multidisciplinar e sistemático baseado em evidência científica e outros tipos de informação: orientação política, preferências, julgamento ético etc. [55]. Entre as ferramentas de análise e decisão multicritério existem os métodos TODIM (Tomada de Decisão Interativa Multicritério) [56] e ELECTRE I [57]. Uma introdução a este método está no Anexo A.

Na proposta, devem ser incluídas cláusulas que são consideradas importantes:

1. Multa por dia de atraso na entrega do bem. Utilize o indicador *OTIF* (*On Time In Full* – em tempo e completo) para fazer uma comparação da eficiência de diferentes fornecedores.
2. Garantia mínima de 2 anos.
3. Definição do prazo máximo de reparo e multa para desrespeito desse prazo.
4. Quando for aplicável, o fornecedor deve enviar um **responsável técnico para verificar e orientar a execução de projeto de infraestrutura**. Devem ser realizadas visitas periódicas (definidas no contrato de compra) para acompanhamento. Nessas visitas a fiscalização do tomador de serviço deve verificar os aspectos construtivos, os prazos, a adoção de medidas de segurança por parte do executor dos serviços. A fiscalização deve estar atenta a todos os fatores ligados aos tomadores de serviços ou bens, pois, o contratante e o contratado são solidários sobre todos os aspectos legais (trabalhista, civil e criminal) da execução dos serviços.

Observação: nesses casos, é interessante solicitar ao projetista simulações de diferentes configurações da obra, antes de fazer o projeto final, para obtenção dos melhores resultados.

Segundo Dalledonne, a simulação é uma técnica que permite ao gestor avaliar possíveis riscos e melhorias no negócio sem alterar o funcionamento das unidades. Em outras palavras, é uma ferramenta de antecipação de um cenário e serve de apoio à tomada de decisão [24].

Conhecendo a situação da fila de atendimento de cada serviço, pode-se aplicar o processo de focalização, identificar os gargalos no fluxo de tratamento de pacientes e definir um modelo de gestão capaz de gerenciar as restrições. Por exemplo, segundo Gonçalves, para obter a melhor configuração de fluxo para diminuir o tempo gasto entre troca de pacientes em exames de tomografia [58]. Filho *et al.* aplicou um modelo de simulação a eventos discretos, com vistas ao dimensionamento dos recursos humanos necessários para a redução do tempo de espera no atendimento de emergência de um hospital. O estudo revelou informações relevantes sobre o sistema, como a quantidade de profissionais necessária para uma redução do tempo de espera, e o número adequado de profissionais de cada categoria, para que o serviço seja mais eficiente e eficaz [59].

5. Plano de treinamento e capacitação contemplando: duração dos treinamentos, periodicidade de aplicação, e o conteúdo programático.
6. Solicite um treinamento (identificação de falhas operacionais etc.) de primeiro atendimento para a equipe técnica do EAS.
7. Solicite um treinamento de segurança para a equipe técnica do EAS, quando aplicável.

LICITAÇÃO

Uma vez recebidas as propostas, elas devem ser avaliadas, seguindo um critério de pontuação e geração de índices para avaliação técnica e preço.

Em caso de pregão, pode ser utilizado o preço do CTP por um período de tempo. Ao se adquirir qualquer equipamento é importante que se conheçam todos os seus custos para evitar surpresas desagradáveis no futuro.

Selecionada a proposta vencedora, inicia-se o cronograma até a entrega do bem operando.

OPERACIONALIDADE

Certifique-se de que a infraestrutura para recebimento do bem está correta, atendendo aos requisitos do fabricante.

Nessa etapa o bem foi entregue, instalado e as equipes treinadas. Não assine o termo de aceite ou faça pagamento se:
- Equipamento não tiver sido entregue.
- Equipamento não estiver funcionando corretamente.
- Não houver sido realizado o treinamento da equipe.
- Estiver faltando algum acessório ou parte.

CONCLUSÃO

A correta especificação e condições de compra bem definidas minimizam o desperdício de recursos e evitam a aquisição de bens de baixa qualidade. Um bem adquirido de forma correta significa menos problemas de manutenção e de falhas operacionais, maximizando a sua utilização e vida útil.

Obrigatoriamente, faça um CTP para evitar pagar no longo prazo centenas de vezes o que foi economizado na compra. Busque pesquisar bem as empresas, lembrando que a empresa fornecedora do bem a ser adquirido deve satisfazer ao máximo três quesitos, segundo Eppler: Produtos de qualidade, pessoas de qualidade e serviços de qualidade [25].

INDICADORES DE DESEMPENHO

Alexandre Ferreli Souza

Resumo: introdução do conceito de medir para gerenciar. Apresentação da gestão baseada em indicadores, indicadores de eficiência, *PDCA*, confiabilidade, custo da confiabilidade, indicadores de custo, qualidade, produtividade. Sistemas de informatização.

Palavras-chaves: gestão hospitalar, indicadores de desempenho, produtividade, sistemas informatizados de manutenção.

"Medir é entender, entender é ganhar conhecimento, ter conhecimento é ter força, desde o começo dos tempos. O que torna o homem diferente dos outros animais é nossa habilidade de observar, medir, analisar e usar essa informação para causar mudanças."

Total Improvement Management
H. James Harrington

"Inexiste no mundo coisa mais bem distribuída que o bom-senso, visto que cada indivíduo acredita ser tão bem provido dele que mesmo os mais difíceis de satisfazer em qualquer outro aspecto não costumam desejar possuí-lo mais do que já possuem."

Discurso do Método
René Descartes (1596-1650)

INTRODUÇÃO

Dr. Kaoru Ishikawa[1] (1915-1989) comenta que "se você não tem item de controle, você não gerencia" (também citada popularmente como "O que não se mede não se gerencia") [60].

Segundo Dalledonne, na atividade de prestação de serviços (a manutenção se enquadra neste caso), podemos agrupar os indicadores em de valor (que retratam a atuação da empresa num mercado específico ou a percepção que esse mercado tem da empresa) [24] e os indicadores de eficiência, que serão discutidos neste capítulo.

A gestão baseada em indicadores é uma ferramenta poderosa, na qual se devem tomar alguns cuidados para que a informação gerada não seja desperdiçada. Sugestões para o total aproveitamento dos indicadores:

1. A gestão deve estar focada no que for medido.
2. Tudo o que é importante deve ser medido.
3. **Nem tudo é importante em um processo.**
4. Toda medida deve estar associada a uma tomada de decisão.
5. Os critérios e alternativas da tomada de decisão devem ser bem conhecidos.
6. Os itens anteriores devem ser revistos periodicamente.

Analisando os seis itens acima, pode-se concluir que o uso de indicadores nada mais é do que o item *CHECK* do ciclo *PDCA* (Anexo D). Nesse caso, o *PDCA* é aplicado no aprimoramento contínuo do setor de manutenção hospitalar.

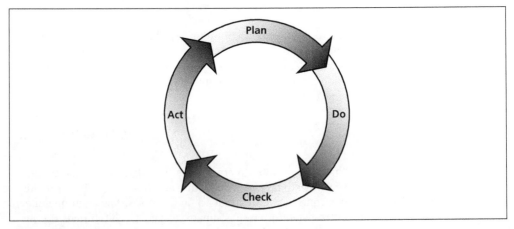

Figura 4.1: Ciclo *PDCA*

Fonte: [60].

---

[1] O Dr. Kaoru Ishikawa integrou e expandiu os conceitos de gerenciamento do Dr. Deming e do Dr. Juran para o sistema japonês. Em 1982, viria o Diagrama de Causa-e-Efeito, também conhecido como Diagrama de Ishikawa (ou diagrama espinha de peixe).

O primeiro ponto, segundo Atkins, é definir os indicadores chaves de desempenho (*KPI – Key Performance Indicator*). O *KPI* é simplesmente um padrão de medida de alguns aspectos de um processo que é utilizado com objetivo de analisar os resultados no tempo, ou compará-los com padrões já praticados [61]. Segundo Scheller, os indicadores têm de ser claros, objetivos, estar dentro de princípios éticos e contar com o apoio de todos os envolvidos no processo. Não escolha indicadores cuja coleta de dados seja limitada pelos recursos disponíveis [62].

Em manutenção, os envolvidos no processo devem ser conscientizados de que a ordem de serviço (OS) é um excelente meio de comunicação em coleta de dados, e que ela vai fornecer base para avaliação das atividades realizadas. Quando as ordens de serviços retornam devidamente preenchidas pelo responsável pela execução elas trazem subsídios para avaliação das equipes envolvidas no trabalho, da periodicidade, dos recursos mobilizados, do período de indisponibilidade, da duração dos serviços etc.

CONFIABILIDADE DE EQUIPAMENTOS

A Engenharia de Confiabilidade apresenta alguns indicadores com os quais é possível detectar problemas na manutenção ou de projetos em equipamentos.

É importante ressaltar que os resultados de indicadores de confiabilidade devem ser comparados somente entre equipamentos do mesmo tipo, e que operam sob condições semelhantes.

Definições

Antes de comentar os principais indicadores utilizados em manutenção, vamos observar algumas definições fornecidas pela ABNT [28].

Atraso logístico: Tempo acumulado durante o qual uma ação de manutenção não pode ser executada em virtude da necessidade de se obterem os recursos necessários, excluindo-se qualquer atraso administrativo.

Confiabilidade: Capacidade de um item desempenhar uma função requerida, sob condições especificadas, durante um dado intervalo de tempo.

Observação: a confiabilidade pode ser estendia às falhas devidas à influência das pessoas, não somente às falhas de equipamentos e sistemas.

Defeito: Qualquer desvio de uma característica de um item em relação aos seus requisitos.

Defeito de fabricação: Defeito de um item devido à não conformidade da fabricação com o projeto ou com os processos de fabricação especificados.

Disponibilidade: Capacidade de um item estar em condições de executar certa função em um dado instante ou durante um intervalo de tempo determinado, levando-se em conta os aspectos combinados de sua confiabilidade, mantenabilidade e suporte de manutenção, supondo que os recursos externos requeridos estejam assegurados (Figura 4.2).

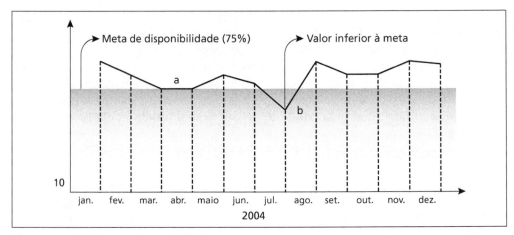

Figura 4.2: Gráfico de disponibilidade

Fonte: Adaptada de [31].

O grande desafio na gestão da manutenção, conforme Marcorin *et al.*, é encontrar o ponto ótimo de disponibilidade (Figura 4.3), em que o custo da manutenção proporciona um nível de disponibilidade capaz de gerar máximo lucro à operação. A busca desse ponto ótimo deve ser diferenciada para cada tipo de equipamento, levando em consideração a importância do equipamento para o processo, o custo do equipamento e de sua reposição, as consequências da falha do equipamento no processo, o ritmo de produção etc. [34].

Erro: Diferença entre um valor ou uma condição observada, ou medida, e a correspondente condição ou valor verdadeiro especificado ou teórico.

Falha: definida pela ABNT como o término da capacidade de um item de realizar sua função específica (parada do equipamento) [28].

Falha aleatória: Qualquer falha cuja causa ou mecanismo faça com que seu instante de ocorrência se torne imprevisível, a não ser no sentido probabilístico ou estatístico.

Falha por uso incorreto: Falha devida à aplicação de solicitações além dos limites especificados ou a erros de instalação ou operação.

Falha por manuseio: Falha causada por manuseio incorreto ou falta de cuidado com o item.

Falha por deterioração: Falha que resulta de mecanismos de deterioração inerentes ao item, os quais determinam uma taxa de falha instantânea, crescente ao longo do tempo.

Mantenabilidade: Capacidade de um item ser mantido ou recolocado em condições de executar suas funções requeridas, sob condições de uso especificadas, quando a manutenção é executada sob condições determinadas e mediante procedimentos e meios prescritos.

Manutenção: Combinação de todas as ações técnicas e administrativas, incluindo as de supervisão, destinadas a manter ou recolocar um item em um estado no qual possa desempenhar uma função requerida.

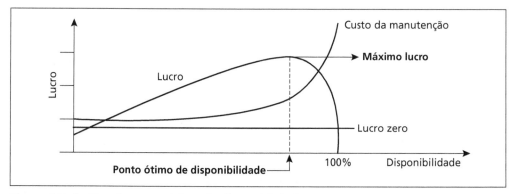

Figura 4.3: Análise do ponto ótimo de disponibilidade

Fonte: [34].

Uma observação feita por Marcorin *et al.*, é que, a partir do ponto ótimo em investimento com manutenção preventiva (Figura 4.4), mais investimentos trazem poucos benefícios para a redução dos custos da falha e acabam elevando o custo total. A quantidade de preventivas nem sempre significa maior disponibilidade [34].

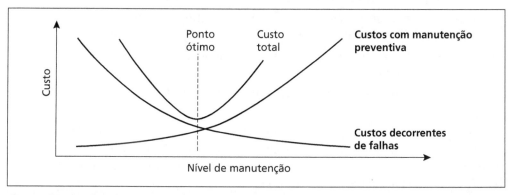

Figura 4.4: Análise de custos de falhas x custos de preventiva

Fonte: [34].

Reparo: Parte da manutenção corretiva na qual são efetuadas as ações de manutenção efetiva sobre o item, excluindo-se os atrasos técnicos.

Serviço: Conjunto de funções oferecidas a um usuário por uma organização.

Indicadores

Os "Índices de Classe Mundial", segundo Tavares, são aqueles utilizados em todo o mundo que sempre obedecem a uma mesma expressão. Serão apresentados seis índices, sendo quatro referentes à gestão de equipamentos e dois à gestão de custo [31].

Os indicadores apresentados a seguir representam a mantenabilidade e confiabilidade do equipamento, segundo Perera.

1. **TMEF (ou *MTBF*)**: tempo médio entre falhas (*Mean Time Between Failure*). Ele representa a confiabilidade do equipamento, quanto maior melhor. Valor baixo pode indicar manutenção inadequada, equipamento de baixa qualidade, instalação inadequada ou o final de vida do equipamento (*EOL – End Of Life*). Medido em unidades de tempo.

2. **TMPR (ou *MTTR*)**: tempo médio para reparar (*Mean Time To Repair*). Ele representa a manutenabilidade, podendo englobando os seguintes tempos:

    - T_t: *time of travel*, ou tempo de chegada do técnico ao local para iniciar a manutenção.
    - T_d: *time for diagnostic*, tempo de diagnóstico. Tempo necessário para ser feito o diagnóstico da falha. A rapidez com que as falhas são diagnosticadas tem grande influência nos custos de manutenção e no tempo de indisponibildiade.
    - T_a: *time for delivery*, tempo de chegada de peça, caso seja necessária troca de alguma.
    - T_g: *gain access time*, tempo de acesso. Tempo necessário para abrir o equipamento e chegar até o item defeituoso (quando aplicável).
    - T_r: *remove and replace time*, tempo para remover e trocar. Tempo necessário para remover e trocar uma peça defeituosa (quando aplicável).
    - T_s: *system restore time*, tempo para restaurar o sistema. Tempo necessário para colocar o equipamento em sua configuração operacional.
    - T_c: *Check-out*, tempo para verificação final. Tempo necessário para fazer a verificação funcional do equipamento.
    - T_u: *Close up*, tempo necessário para limpeza, organização do local etc.

    O *MTTR* reflete a competência do técnico e a logística de reposição de peças. Os problemas de logística podem ser causados por problemas internos administrativos ou pela dificuldade em conseguir peças (equipamentos *EOL* ou antigos). O *MTTR* é medido em unidades de tempo.

3. **TMPF (ou *MTTF*)**: tempo médio para falha (*Mean Time To Fault*). Relação entre o tempo total de operação de um conjunto de itens não reparáveis e o número total de falhas detectadas nesses itens, no período observado.

Observação: a diferença conceitual entre os índices Tempo Médio Para Falhas e Tempo Médio Entre Falhas, é que o primeiro (TMPF) é aplicado para itens que não são reparados após a ocorrência da falha, e o segundo, (TMEF) é calculado para os itens que **SÃO** reparados após a ocorrência da falha. Portanto, os dois índices são mutuamente excludentes.

4. **Disp**: este índice representa o percentual de tempo que o equipamento ficou a disposição da operação (Figura 4.5) para desempenhar suas funções [63].

A disponibilidade inerente exibe um valor adimensional correspondente ao percentual que o equipamento ficou realmente disponível para uso. A forma de calcular é mostrada na equação um.

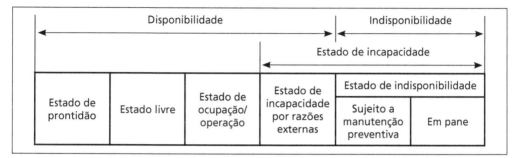

Figura 4.5: Estados possíveis de um equipamento

Fonte: Adaptada de [28].

$$A_i = \frac{MTBF}{MTBF + MTTR} \times 100 \qquad (1)$$

Os próximos itens são mencionados por Tavares.

5. **Custo de manutenção por Faturamento**: Relação entre o custo total da manutenção e o faturamento da empresa no período considerado (equação 2).

$$CMFT = \frac{CTMN}{FTEP} \times 100 \qquad (2)$$

Onde:

CMFT: Custo da Manutenção por Faturamento.

CTMN: Custo Total da Manutenção.

FTEP: Faturamento Total da Empresa.

6. **Custo da Manutenção Pelo Valor da Reposição**: é a relação entre o custo total acumulado na manutenção de um determinado item e o valor da compra deste equipamento novo (valor de reposição).

$$CMVP = \frac{\Sigma\, CTMN}{VLRP} \times 100 \qquad (3)$$

Onde:

CMVP: Custo da Manutenção Pelo Valor da Reposição.

VLRP: Valor de Reposição.

CTMN: Custo Total da Manutenção.

Este item somente deve ser calculado para os recursos mais importantes da empresa (aqueles que afetam o faturamento, a qualidade, a segurança e o meio ambiente). Justifica-se esse critério pelo fato de o índice trabalhar com valores acumulados, o que torna o processo demorado. Seu acompanhamento é feito por meio de gráfico (Figura 4.6) de linha ou superfície, nos últimos 12 meses [31].

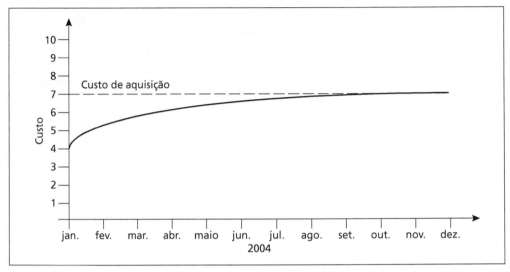

Figura 4.6: Custo Acumulativo de manutenção pelo Valor do Equipamento
Fonte: Adaptada de [31].

É importante ressaltar que no cálculo da disponibilidade para fins constratuais NÃO são inclusas as falhas causadas por erros operacionais e/ou funcionamento do equipamento fora das condições especificadas pelo fabricante. É interessante ter esses dados registrados para detectar e corrigir problemas internos.

A baixa disponibilidade tem de ser estudada, para verificar o que a origina e tentar neutralizar esse fator. Podem ser identificados erros de operação, falhas na infraestrutura, falhas na manutenção, fim de vida útil (falta de peças de reposição, alto índice de falhas), qualidade ou erro de projeto do equipamento. Em problemas relativos ao equipamento esse índice deve ser um critério na negociação de contratos de manutenção ou na revisão desses contratos. Ou até mesmo para sugerir a troca do equipamento.

O Engenheiro que atua no gerenciamento de manutenção, deve sempre estar alerta para detectar problemas na categoria de "defeitos periódicos", que ocorrem sem justificativa. Um caso é exemplificado no Anexo E.

Uma ferramenta que também pode ser utilizada para análise de falhas e montagem de estoque é a análise de Paretto[2].

INDICADORES TEMPORAIS, DE QUALIDADE E CUSTO

O aspecto gerencial da Engenharia Clínica permite a inclusão de mais indicadores segundo Cohen *et al*. Cardoso apresenta um conjunto de indicadores dividido em grupos:

---

[2] Analisando a distribuição da renda entre os cidadãos, o economista italiano Vilfredo Pareto (1848-1923) concluiu que a maior parte da riqueza pertence a poucas pessoas. Essa mesma conclusão foi depois constatada em outras situações, sendo estabelecida a relação que ficou conhecida como Princípio de Pareto ou a relação 20-80. Segundo esse princípio 20% das causas são responsáveis por 80% dos efeitos.

Temporais

    a) Tempo de atendimento.

    b) Tempo de resposta.

    c) Tempo de paralisação dos equipamentos.

    d) Horas de manutenção corretiva/OS.

    e) Horas de manutenção corretiva/equipamento.

De qualidade

    a) Total de MP (manutenção preventiva) realizada/total de MP recomendada.

    b) OS/equipamento.

    c) Número de OS por mês.

    d) Número de OS fechadas por número de OS abertas.

    e) Total de OS por técnico.

De custo

    a) Custo de manutenção corretiva/equipamento.

    b) Custo de manutenção geral/custo de aquisição do equipamento [64] [65].

Uma quantidade de indicadores pode ser criada e/ou utilizada para mensurar o valor do contrato de manutenção. Um valor limite aceito, sugerido por Vieira é 15% pago ao ano, do valor de compra do equipamento [66]. Mas como existem diferentes modalidades (somente mão de obra, mão de obra mais peças etc.) sugerimos a fórmula dois para verificar a perda de faturamento em função da disponibilidade e do valor do contrato.

$$\eta = \frac{(1-A) \times V_F - V_{CM}}{V_F} \times 100 \qquad (2)$$

onde A é a disponibilidade, V_F é o valor da receita gerada pelo equipamento (para $A = 100\%$), e V_{CM} é o valor do contrato de manutenção.

A variável η representa o percentual de perda do faturamento em função da disponibilidade e do valor do contrato de manutenção. Esse índice deve ser aplicado em um período de tempo.

INDICADORES DE PRODUTIVIDADE

A produtividade (no caso da manutenção), segundo Dalledonne, é um indicador que avalia a eficiência dos recursos aplicados para gerar a prestação de serviços [24].

Os setores de manutenção de um EAS, assim como seus funcionários, podem ter sua produtividade mensurada. Seguem alguns indicadores sugeridos por Tavares (todos definidos em um período determinado de tempo):

1. **$HH_{C/D}$**: Homem Hora (HH) gasto em manutenção corretiva por HH disponível (período da jornada de trabalho).

2. **$HH_{P/D}$**: Homem Hora (HH) gasto em manutenção preventiva por HH disponível (período da jornada de trabalho).

Observação: treinamento para evitar novas paradas também pode ser incluso nos itens acima.

3. **HH_I** ou Produtividade individual: $HH_{C/D} + HH_{P/D}$.

4. **Produtividade do setor**: média das produtividades individuais. Valores acima de 80% indicam a necessidade de contratar mais funcionários.

5. **Resolubilidade**: relação entre as ordens de serviços fechada pela equipe interna (*In House*) e as ordens de serviço fechadas por terceiros (serviços em que o diagnóstico e reparo é feito por terceiros).

6. Percentual de chamados por setor.

7. Custo por quantidade de ordens de serviço.

8. Custo do setor por valor do parque de equipamentos instalados.

9. *Backlog*: é definido como tempo pelo qual a equipe de manutenção deverá trabalhar para executar pendências, supondo que não sejam abertas novas ordens de serviço. Esse índice mede tendência, logo sua exatidão não é tão importante, podendo ser estimado. Quando esse índice é menor que 1, a equipe de manutenção tende a ser excessiva. Quando maior que 1, a equipe de manutenção tende a ser insuficiente [31].

SISTEMAS INFORMATIZADOS

Não existe indicador eficiente (ou sistema de gerenciamento eficiente) se os dados para seu cálculo não forem fidedignos.

O primeiro ponto é definir um modelo de ordem de serviço, que contemple o preenchimento de informações para a produção dos indicadores.

O segundo ponto a ser trabalhado é a conscientização da equipe sobre a importância de fornecer informações corretas.

O terceiro ponto é o tipo de sistema empregado para geração dos indicadores. Resume-se a escolher um sistema informatizado e customizá-lo de acordo com as necessidades.

Existem muitos Sistemas Informatizados de Manutenção (SIM) que podem ser utilizados. Entre os mais conhecidos temos: SIM (Software Informatizado de Manutenção), SAP/PM, Manusis, Siem, Sigma (aquisição gratuita – Figura 4.7), IFS, MÁXIMO, Mantec, Gatec, Engeman, Varkon Gestor SM, Dínamus etc.

Implantado o sistema, os índices devem ser gerados, comentados e apresentados.

Na hora de decidir comprar um SIM ou informatizar o departamento, é prudente fazer algumas verificações sugeridas por MENDONÇA, para certificar-se que o sistema irá atender a todas as suas necessidades:

1. Visite outros clientes para conhecer o desempenho do sistema no campo e ouvir a opinião dos usuários.

2. Verifique se o sistema fornece todos os indicadores e relatórios de que necessita.

3. Verifique os requisitos de hardware e software (sistema operacional, banco de dados etc.).

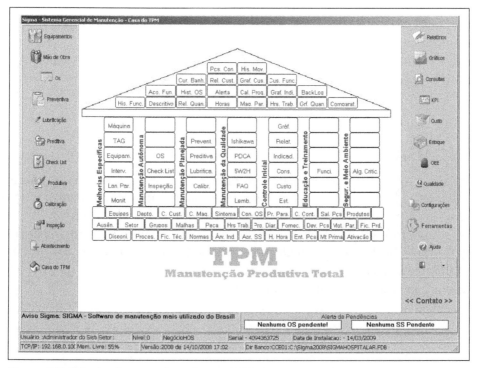

Figura 4.7: Tela de abertura do software SIGMA
Fonte: Rede Industrial – fabricante do software. Disponível em: <http://www.redeindustrial.com.br>. Acesso em: 24 de maio de 2010.

4. O software é acompanhado de manual?

5. Documentação técnica sobre a base de dados acompanha o sotware (isto facilita a migração e/ou interação com outros programas).

6. O sistema apresenta interface com outros programas corporativos utilizados no EAS em questão?

7. O sistema é multiusuário? O sistema possui configuração de senhas e direitos de acesso?

8. É possível interligar várias unidades usando o mesmo sistema?

9. Prazos de implantação com cronograma.

10. Treinamento: sistema de treinamento incluso na venda e registro do valor para treinamentos avulsos.

11. Suporte: a empresa oferece um suporte básico e gratuito, capaz de atender às dúvidas comuns de operação?

12. Manutenção: inclui a troca de versões (*upgrades*), fornecimento de correções (serviço *packs*), acesso remoto, serviço de *backup*?

13. Descrição de todos os custos referentes a compra e implantação do sistema [67].

A opção de desenvolver um software dedicado também é possível, mas deve ser feito um estudo de viabilidade para que não ocorram gastos excessivos. Uma análise do desenvolvimento de um sistema pode ser encontrado na tese de mestrado escrita por Lima: "*GEM – HOS – Sistema de Gerenciamento de Informações de Equipamentos Médico-Hospitalares. O caso do Hospital Universitário de Brasília – HUB*", que está disponível para *download* [68].

CONCLUSÃO

A utilização de indicadores permite a avaliação dos serviços de manutenção e da confiabilidade dos equipamentos. Devem ser escolhidos índices que mensurem pontos importantes do processo.

O resultado apresentado nos indicadores devem ser avaliados para propor ações de melhoria (*PDCA*) visando eliminar falhas e otimização dos processos.

Um SIM auxilia no gerenciamento da manutenção, porém sua escolha e implantação não são processos simples e/ou rápidos.

5 POLÍTICA DE MANUTENÇÃO

Alexandre Ferreli Souza

Resumo: apresenta as linhas mestras da política de manutenção, orientações para escolha de um serviço apropriado (fabricante; representantes autorizados do fabricante, prestadores de serviço, empresas terceirizadas, departamento interno de manutenção e/ou Engenharia Clínica – *in-house*, usuário final). Análise do custo de treinamento de equipe interna. Contratos de manutenção: observações e sugestões.

Palavras-chaves: gestão hospitalar, contrato de manutenção. Equipe interna. Equipe externa.

INTRODUÇÃO

O gestor deve possuir uma política de manutenção bem definida, para que várias opções possam ser avaliadas: contratar fabricante ou representante, terceiros independentes, ou mesmo não contratar.

Neste capítulo serão avaliados apenas os assuntos relacionados à manutenção de equipamentos médicos, por ser considerada uma área na qual existe pouca informação a respeito.

O gestor deve estar ciente que as opções adotadas devem ser avaliadas sob o prisma da confiabilidade de cada instalação ou equipamento, para o sistema, de forma integrada. A avaliação, apenas, do fato financeiro, tende a gerar perdas maiores a aquelas geradas pelo gasto de aquisição e manutenção, realizadas com eficiência e qualidade. O custo da não conformidade, que por vezes não é avaliado e/ou negligenciado, pode gerar desembolsos maiores que aqueles necessários à boa contratação.

Contratos de manutenção devem ser bem redigidos. É necessário prever todas as alternativas (atuação da Engenharia), ficar dentro da lei (atuação do corpo jurídico do EAS), e prever alternativas para os casos em que não existe legislação por tratar-se de um acordo particular entre as partes.

DEFINIÇÕES

Aferição: definida pelo INMETRO como o conjunto de operações que estabelece, em condições específicas, a correspondência entre os valores indicados por um instrumento de medir, ou por um sistema de medição ou por uma medida materializada e os valores verdadeiros convencionais correspondentes da grandeza medida [69].

Atendimento em regime de Plantão: atendimento fora do horário comercial.

Atendimento telefônico: serviços de um técnico devidamente habilitado para responder, por telefone, dúvidas básicas de operação, identificar e corrigir falhas nos sistemas relacionados aos equipamentos. Primeiro atendimento.

Calibração: definida pelo INMETRO como o conjunto de operações que estabelece, em condições específicas, a correspondência entre o estímulo e a resposta de um instrumento de medir, sistema de medição ou transdutor de medição [69].

Consumíveis: insumos necessários para operação normal dos equipamentos.

Depreciação: É uma despesa que deve ser considerada quando um bem físico é adquirido para uso operacional e vai perdendo seu valor no decorrer do tempo, pelo desgaste natural com o uso, pela ação da natureza e pela obsolescência. Para máquinas e equipamentos este valor flutua em cerca de 10% a.a. (10 anos de vida útil).

Eficiência: refere-se a como fazer o que tem para ser feito. Este conceito refere-se a como as "coisas" são feitas, aos valores, à visão, comportamentos, atitudes, métodos, procedimentos e estilos e está presente em toda a empresa.

Eficácia: refere-se a fazer o que deve ser feito. Este conceito tem a ver com o foco em uma determinada direção (visão) e concentração de energia (recursos humanos, materiais e financeiros) para a execução da missão.

Efetividade: refere-se a fazer certo as coisas certas, com qualidade. Este conceito engloba os dois anteriores, acrescido da qualidade.

Falha: definida pela ABNT como o término da capacidade de um item de realizar sua função específica (parada do equipamento) [28].

Manutenção corretiva: serviços de reparos que visam à eliminação de eventuais defeitos nos equipamentos, desde que tenham sido utilizados sob condições adequadas, bem como, testes e calibração após reparos nos equipamentos para promover o seu perfeito funcionamento.

Manutenção preventiva: aquela que visa manter os Equipamentos dentro das condições normais de utilização com o objetivo de se reduzirem as possibilidades de ocorrência de defeitos por desgastes ou envelhecimento de seus componentes; constituindo tais serviços em ajustes de partes mecânicas, elétricas ou eletrônicas, lubrificação, verificações e alinhamentos.

Obsolescência: pode ser econômica (o bem apresenta baixa disponibilidade e alto custo de manutenção) ou tecnológica (é inventado um novo bem mais eficiente). Quando o equipamento atinge a data limite de final de vida (EOL), ele torna-se obsoleto.

Peças: Quaisquer partes, peças e/ou itens especiais pertencentes ao(s) equipamento(s) que venham a ser substituídos, em função de falha técnica, em condições normais de uso, durante a realização dos serviços de manutenção preventiva e/ou corretiva.

Rastreabilidade: definida pelo INMETRO como a propriedade do resultado de uma medição ou do valor de um padrão estar relacionado a referências estabelecidas, geralmente a padrões nacionais ou internacionais, por meio de uma cadeia contínua de comparações, todas tendo incertezas estabelecidas [70].

Verificação funcional: análise do equipamento, verificando se ele se encontra dentro das perfeitas condições de funcionamento.

Treinamento: visitas para a aplicação ou treinamento operacional, com técnicos especialmente treinados.

Updates: alterações e correções desenvolvidas pelos fabricantes, denominadas "*UPDATES*", efetuadas por meio de modificações de "hardware" e/ou de "software", cujo objetivo visa incrementar os aspectos de segurança e confiabilidade dos Equipamentos.

Na área de equipamentos médicos, o ECRI, em maio de 2007, propôs a criação de um vocabulário específico para descrever as atividades relacionadas ao serviço. Esse vocabulário foi denominado Nomenclatura Universal para Serviços em Tecnologia Médica, ou a sigla em Inglês UMTSN (*Universal Medical Technology Serviço Nomenclature*). Os termos são agrupados em três grupos principais: Atividade de Serviço/Manutenção, problemas nos equipamentos e Tempo e custo de serviços/manutenção. Ainda é um processo em desenvolvimento, com alguns hospitais e fabricantes aderindo [71].

POLÍTICA DE MANUTENÇÃO – LINHAS PRINCIPAIS

Serão utilizadas neste capítulo as orientações fornecidas pelo MHRA [72]. A política de manutenção deve prever a provisão de manutenção e reparo de todos os equipamentos médicos. Isto inclui:

- Como cada equipamento deve ser mantido, por meio de procedimento escrito.
- Quem está autorizado a realizar a manutenção.
- Duração e periodicidade de manutenções preventivas, ou seja, no mínimo Planejamento e Controle da Manutenção (PCM).
- Determinação das tarefas de manutenção, por meio de consulta ao manual técnico do equipamento, informações contidas em *Data Books* de confiabilidade etc.
- Criação de mecanismos que permitam auditorias nos equipamentos para verificar a qualidade do serviço de manutenção.
- Procedimentos para descontaminação de equipamentos antes do envio para manutenção (quando aplicável).
- Verificação do atendimento dos requisitos legais de meio ambiente e segurança por parte dos contratados.

A equipe responsável pelo setor de Engenharia Clínica deve ter ciência e conhecimento do conteúdo da política de manutenção e segurança do trabalho. Essa política deve estar disponível para consulta por todos os funcionários que atuam no setor e/ou prestadores de serviço.

ESCOLHENDO UM SERVIÇO APROPRIADO

O fabricante deve fornecer todas as informações necessárias para verificar quando o equipamento opera corretamente e de forma segura, mais detalhes sobre a natureza e frequência da manutenção e calibração necessárias para assegurar a disponibilidade no maior período de tempo possível e a confiabilidade em relação a sua operação. A manutenção pode ser realizada por:

- fabricante;
- representantes autorizados do fabricante;
- prestadores de serviço;
- empresas terceirizadas;
- departamento interno de manutenção e/ou Engenharia Clínica (*in-house*);
- usuário final.

O gestor deve fazer uma avaliação de custo-benefício antes de finalizar a escolha do tipo de manutenção contratada. É importante ressaltar que o custo não pode ser o único fator decisório. Ele deve buscar outras formas de avaliação e, se disponível, procurar um provedor de serviços que possua certificação de qualidade

ISO[1] [73], por exemplo. Outro item importante é considerar somente os provedores de serviço com acesso total a ferramentas, informações técnicas atualizadas (não se aplica a equipamentos descontinuados), e com política de segurança do trabalho consolidada. O tipo e o nível de manutenção requerida variam de equipamento e podem incluir:

- calibração;
- manutenção preventiva;
- análise de falhas (*trouble-shooting*);
- reparo e/ou troca de peças (*spare parts*);
- troca e/ou reposição de materiais consumíveis;

Os três últimos itens fazem parte da manutenção corretiva.

As referências de terceiros e a reputação de empresas e profissionais são elementos importantes para tomada de decisão em favor de um produto ou de um prestador de serviços [22].

Não tenha receio de mudar de prestador de serviço, pois um dos princípios que sustentam a prestação de serviços como negócio, segundo Dalledonne, é: não há cliente fiel. A fidelidade só existe se é prestado um serviço de qualidade com um custo compatível com o mercado [24].

MANUTENÇÃO INTERNA (*IN-HOUSE*) × EXTERNA

Manutenção interna – vantagens:

- diminuição do tempo médio para atendimento por estar inserida no local;
- possui menor custo para determinados níveis de serviço;
- mão de obra com contratação baseada em qualidade técnica, habilidade em se relacionar com indivíduos, colegas, clientes e com foco no serviço.

Manutenção interna – desvantagens:
- dificuldade para manter um estoque de peças que atendam à variedade de equipamentos existentes;
- ferramentas especiais e de teste podem não estar disponíveis;
- custo de treinamento é alto;
- dificuldade em obter treinamento do fabricante.

---

[1] As normas da família ISO 9000 foram desenvolvidas para apoiar organizações, de todos tipos e tamanhos, na implementação e operação de sistemas da qualidade eficazes. A ISO 9000 descreve os fundamentos de sistemas de gestão da qualidade e estabelece a terminologia para esses sistemas. A ISO 9001 especifica requisitos para um sistema de gestão da qualidade, em que uma organização precisa demonstrar sua capacidade para fornecer produtos que atendam os requisitos do cliente e os requisitos regulamentares aplicáveis, e objetiva aumentar a satisfação do cliente. A ISO 9004 fornece diretrizes que consideram tanto a eficácia como a eficiência do sistema de gestão da qualidade. O objetivo dessa norma é melhorar o desempenho da organização e a satisfação dos clientes e das outras partes interessadas. A ISO 19011 fornece diretrizes sobre auditoria de sistemas de gestão da qualidade e ambiental.

Custos e formação técnica – Manutenção Interna

Conforme estudo da Organização Mundial de Saúde, a manutenção de equipamentos médicos exige uma ampla gama de conhecimentos técnicos, e os custos e tempo necessários para treinar um profissional aumentam com o nível de tecnologia com a qual ele irá trabalhar. Para compreender o custo e tempo de treinamento de um técnico, pode-se considerar o modelo Cheng [74]:

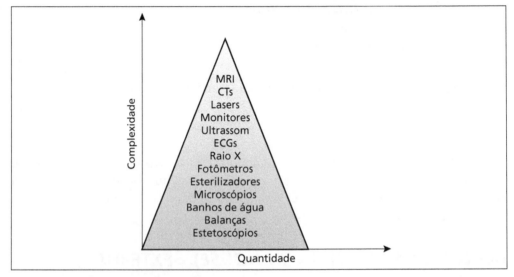

Figura 5.1: Pirâmide de equipamentos médicos

Fonte: Adaptada de [74].

A figura acima representa o inventário de equipamentos médicos de um hospital. A altura indica a complexidade e a largura indica a quantidade existente (no topo fica o mais complexo e o que existe em menor quantidade). Por exemplo, fica claro que itens de baixa complexidade como balanças existem em maior quantidade do que equipamentos de ressonância magnética.

A manutenção da ampla faixa de equipamentos mostrados na Figura 5.1 exige, de forma análoga, uma ampla faixa de conhecimento técnico-profissional. A relação custo/complexidade do equipamento é ilustrada na Figura 5.2, na qual o inventário de equipamento é dividido em duas categorias de complexidade: "A" e "B". A linha $\overline{0b}$ representa o custo ou tempo para treinar um técnico júnior[2] (iniciante) para manutenir os equipamentos da categoria "B". A linha $\overline{ba}$ representa o custo ou tempo para treinar um técnico pleno para manutenir os equipamentos da categoria "A". A comparação gráfica sugere que o menor custo, ou menor intervalo de tempo ($\overline{0b}$ comparado com $\overline{ba}$), o profissional pode ser treinado para manutenir uma ampla quantidade de equipamentos médicos essenciais e de baixa tecnologia ("B" comparado com "A").

---

[2] Na área técnica, costuma-se classificar o profissional em quatro níveis, de acordo com o seu tempo de formado e atuação na área: *trainee* (até dois anos de formado), júnior (até 5 anos), pleno (entre 5 a 10 anos) e sênior (mais de 10 anos).

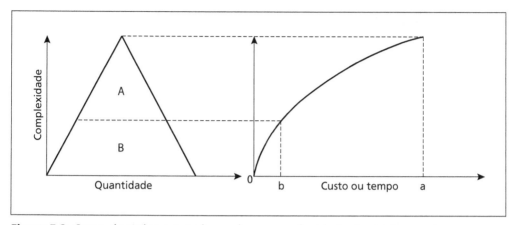

Figura 5.2: Curva de treinamento baseada na complexidade do equipamento a ser manutenido

Fonte: Adaptada de [74].

O modelo da pirâmide sugere que para manutenir a maior porcentagem dos equipamentos médicos existentes em um EAS, a estratégia é ter técnicos com formação consolidada, aptos para atuar em um determinado nível de tecnologia. Os equipamentos de alta tecnologia, que necessitam de pessoas com alta qualificação e treinamentos no exterior (por exemplo, PET-CT ou ressonância magnética) passam a ser atendidos pelo fabricante ou seus representantes.

Os treinamentos podem ser obtidos do fabricante no momento da aquisição (proposta de venda com cláusula inclusa de treinamento técnico). Para equipamentos de alta complexidade, é sugerido que o técnico receba um treinamento para primeiro atendimento (identificar falhas funcionais de operacionais) [75].

Uma solução que pode unir as vantagens dos dois itens acima é que seja oferecido um treinamento para a equipe interna (visando à resolução de problemas operacionais e simples, e a correta descrição de erros complexos) e que, quando aplicável, exista a possibilidade de receber um equipamento reserva até o reparo do defeituoso. Tudo é uma questão de negociação do contrato de manutenção e do custo da qualidade, relativa à efetividade do reparo [72].

Manutenção externa – vantagens:
- custos previstos;
- possibilidade de definir tempo de atendimento em contrato;
- possibilidade de definir tempo de disponibilidade em contrato.

Manutenção externa – desvantagens:
- dificuldade em obter tempo de resposta rápido para equipamentos críticos;
- equipamentos podem ser enviados para a fábrica para reparo.

FABRICANTE × TERCEIROS

Fabricantes – vantagens:
- acesso garantido às peças;
- diagnóstico remoto normalmente disponível;
- sem problemas com cobertura de garantia e/ou obrigações legais.
- por negociação, podem assumir algum equipamento descontinuado ou antigo (cuja manutenção não é financeiramente vantajosa).

Fabricantes – desvantagens:
- controle de qualidade tem de ser monitorado;
- tempo de resposta pode ser longo, dependendo do contrato;
- podem não assumir algum equipamento pelo fato de não ser financeiramente vantajoso.

Terceiros – vantagens
- menor valor de custo;
- podem trabalhar com equipamentos para o qual o fabricante não oferece mais manutenção.
- possibilidade de colocar um funcionário no local (*on-site*) para diminuir o tempo de resposta;
- poucas organizações para negociar (caso o terceiro se responsabilize por toda a manutenção).

Terceiros – desvantagens
- podem ser especializados em somente um modelo de equipamento;
- podem não assumir algum equipamento pelo fato de não ser financeiramente vantajoso;
- possível falta de acesso às informações do fabricante [72].

É importante ressaltar que, no caso de o EAS realizar manutenção própria, eximirá o fabricante da responsabilidade sobre os serviços.

A gestão de pessoas (sejam elas da empresa ou terceirizadas), segundo Chelson, deve ser sempre um ponto focal do gestor [19]. Dalledonne e Eppler convergem para que sempre seja verificado se os funcionários possuem equipamentos necessários, têm poder de decisão e estão automotivados para identificar e atender as necessidades existentes [24] [25]. Lembre-se das palavras de Marden[3], "Não é o trabalho que dignifica o homem, mas o homem que dignifica o trabalho".

---

[3] Orison Swett Marden (1850-1924) – Jornalista, editor e escritor norte-americano.

CONTRATO DE MANUTENÇÃO

O contrato de manutenção deve ser visto como um seguro: é importante justamente no momento que é necessário. Procure fazer contratos de famílias de equipamentos. Contratos que englobem diferentes tipos de equipamentos podem mascarar custos reais de algum. Por exemplo, para cada família de equipamentos (ventilador, tomógrafo etc.) discrimine o valor no contrato. Isto permite comparar os custos de manutenção de determinada família de equipamentos em relação a diferentes prestadores de serviço.

Um ponto importante a ser observado antes de contratar uma empresa de manutenção é verificar se o *MTBF*, *MTTR* e a disponibilidade justificam a realização de contrato. Em algumas situações, a relação custo/benefício indica que o melhor é solicitar somente corretivas avulsas ao prestador de serviços de manutenção do equipamento.

O contrato de manutenção, conforme sugestão do HMRA, deve especificar o tipo e o nível de manutenção e deve incluir (quando aplicável):

- número de discagem gratuita para abertura de chamados;
- especificação do tempo máximo de espera para abertura de chamados;
- diagnóstico remoto (quando aplicável);
- primeiro atendimento telefônico com técnico especializado;
- especificação do horário de atendimento;
- estoque mínimo de peças de reposição.

(Os itens acima afetam o tempo de atendimento.)

- especificação de tempo para atendimento local (*on-site*);
- especificação de disponibilidade mínima (o tempo de operação do equipamento deve ser informado ao contratado);
- especificação de partes/peças (*spare parts*) cobertas pelo contrato;
- especificação de consumíveis cobertos (ou não) pelo contrato;
- especificação de tempo de chegada de partes/peças.

(Os itens acima afetam o tempo de reparo.)

- especificação de horas de treinamento para equipe operacional;
- especificação de horas de treinamento para equipe local de manutenção (treinamento genérico – primeiro atendimento).

(Os itens acima afetam a eficácia do cliente.)

- atendimento restrito a técnicos com treinamento na fábrica (treinamento específico);
- atendimento restrito a técnicos com Anotação de Responsabilidade Técnica (ART) no Conselho Regional de Engenharia.

(Os itens acima afetam a eficiência do serviço.)

- especificação da quantidade de preventivas e/ou preditivas (preventiva por estado);
- especificação de fornecimento de *checklist* ou relatórios de manutenção após as preventivas;
- informação sobre os itens que devem ser calibrados e a periodicidade;
- se a empresa for responsável por calibrar, informar a rastreabilidade; isto é imprescindível na demonstração de conformidade dos produtos ou dos serviços com os diversos requisitos das normas europeias e internacionais [76].

(Os itens acima fornecem informações técnicas.)

- especificação do valor;
- cláusula de reajuste bem definida;
- cláusulas de penalidade;
- cláusula de recisão;
- Percentual máximo de aditivo;
- Quais documentos devem ser apresentados pela CONTRATADA para que o pagamento das atividades possa ser liberado (ordens de serviço, certificados de calibração etc.).
- É fundamental que o gestor do contrato se proteja da responsabilidade solidária (no caso em que o empregador não paga corretamente os direitos do funcionário que faz a manutenção no CONTRATANTE).
- Política de peças que não estão cobertas pelo contrato (com/sem desconto, forma de pagamento, prazo de entrega etc.) [72].

(Os itens acima fornecem informações administrativas.)

O melhor momento para se negociar um contrato de manutenção (ou registrar o seu valor) é durante a compra do equipamento (quando existe maior poder de negociação).

O contrato pode ser no formato Acordo por Nível de Serviço ou *SLA* (*Serviço Level Agreement*) na qual o nível de prestação de serviço é definido formalmente, especificando, em termos mensuráveis, quais serviços o fornecedor irá prestar. Um contrato com *SLA*s pode incluir ônus (multa) ou bônus (prêmio), sendo esse último muito difícil de ser aceito pelas empresas contratantes em geral.

O valor anual máximo aceito, segundo VIEIRA e FORREST, do contrato de manutenção varia entre 10% a 15% do valor de aquisição do equipamento, sendo levada em conta a taxa de depreciação [66] [77].

Um ponto que pode ser negociado no contrato é o atendimento fora de horário, ou plantão. No caso de equipamentos nos quais as falhas estão associadas com quebra de componentes, pagar por esse serviço pode vir a ser um desperdício de recursos, a menos que a logística de fornecimento de peças também fique disponível.

O contrato deve sempre estar de acordo com o Código de Defesa do Consumidor. Após análise técnica, o contrato deve ser analisado pelo corpo jurídico, especialmente as cláusulas penais (segundo França, "pacto acessório ao contrato ou a outro ato jurídico, efetuado na mesma declaração ou declaração à parte, por meio do qual se estipula uma pena, em dinheiro ou outra utilidade, a ser cumprida pelo devedor ou por terceiro, cuja finalidade precípua é garantir, alternativa ou cumulativamente, conforme o caso, em benefício do credor ou de outrem, o fiel cumprimento da obrigação principal, bem assim, ordinariamente, constituir-se na pré-avaliação das perdas e danos e em punição do devedor inadimplente") [78].

Brandão compara perdas e danos com cláusula penal. Ambos são destinados a ressarcir o prejuízo derivado do inadimplemento da obrigação, quando são reduzidas a uma soma em dinheiro. A diferença dos dois institutos está na oportunidade de sua fixação. A cláusula penal, como já descrita acima, é fixada obrigatoriamente antes do inadimplemento, pela convenção das partes. As perdas e aos danos são fixados pelo juiz, em um momento posterior à inadimplência, quando este verifica os prejuízos alegados. **As perdas e os danos possibilitam um ressarcimento completo do prejuízo.** A cláusula penal, entretanto, pode fixar uma pena que não tenha conformidade com o valor real [79].

Um contrato mal redigido, ou sem especificar todas as situações, torna-se um problema para ambas as partes.

No Anexo F é apresentado um modelo de contrato de manutenção para equipamentos médicos.

O valor do contrato é proporcional à segurança por ele oferecido. Equipamentos redundantes *onsite* (quando aplicável), diluição de um *upgrade* do equipamento etc., vão encarecer o valor do contrato. Deve ser feita uma análise custo-benefício com o objetivo ajustar o valor do contrato às reais necessidades existentes.

CONTRATOS DE SERVIÇOS

Alguns cuidados devem ser tomados na hora de avaliar uma empresa antes de contratar os seus serviços na area de Engenharia (seja Manutenção ou Engenharia Clínica). São listados, a seguir, alguns pontos que devem ser verificados com atenção.

1. Estatuto social da empresa: no objeto da empresa deve obrigatoriamente constar que ela seja uma empresa de Engenharia e que presta serviços na área em questão.
2. CNPJ: deve ser compatível com o tipo de serviço a ser realizado.
3. Inscrição Municipal.
4. Certidões negativas da Fazenda, FGTS.
5. Balancete da empresa.
6. Cópia autenticada do registro dos profissionais com valores dos salários: o mínimo pago tem de ser o piso da categoria, para evitar, no futuro, uma ação trabalhista provocada pelo seu prestador de serviços.

7. Verifique se a empresa paga adicionais de insalubridade e/ou periculosidade, e se atende aos requisitos de segurança.
8. Sindicato patronal ao qual a empresa é filiada.
9. Registro no CREA da empresa e de seus funcionários (Engenheiros, técnicos e tecnólogos).
10. Certidão de Acervo Técnico emitido pelo CREA.
11. Contrato Social: verifique o capital social da empresa (as empresas só podem ser penalizadas juridicamente sobre os valores do seu Capital Social).
12. Busque informações em ex-clientes.

CONTRATAÇÃO

O domínio da tecnologia é fator preponderante na contratação de um serviço. A outra é a falta de pessoal disponível na organização que contrata. O prazo é um fator que dependendo da situação pode determinar ou não a contratação. Optando-se por contratar, deve-se definir qual a modalidade de licitação que será utilizada.

Segundo Spiller *et al.*, todos os cuidados devem ser tomados no momento de decidir pela terceirização de determinadas atividades na área da saúde, não só quanto aos aspectos legais da contratação, mas, principalmente em relação a perda do controle diretor da qualidade e eficiência [22].

Segundo Stonner, a negociação direta dos preços e condições com apenas uma empresa não pode ser praticada, exceto em casos especiais, como ser fornecedor de um bem ou serviço somente desenvolvido por essa Contratada. Essa forma de contratação pode ser desenvolvida como incentivo para ex-funcionários se tornarem prestadores de serviço de sua antiga empresa.

Concorrência ou tomada de preços com edital quando os valores dos serviços forem muito altos. Trata-se de uma modalidade aberta a todos os fornecedores. Para que essa abertura não coloque em risco a qualidade da execução dos serviços pode-se determinar no edital, condições de qualificação para as empresas participarem da concorrência. Para a elaboração desse filtro é necessário que a elaboração do edital contemple aspectos técnicos, jurídicos, financeiros, fiscal etc. da proponente.

Tomada de preços é uma modalidade que requer que as empresas participantes tenham cadastro prévio, comprovando seu ramo de atuação. Nesse caso, a participação no certame é apenas para empresas previamente, cadastradas. Sendo os critérios de cadastros definidos pela Contratante.

Coleta de preços é uma modalidade utilizada para serviços de pequeno porte. A consulta de preços é realizada com, no mínimo, três empresas. Aquela que oferecer menor preço executa o serviço.

- O regime de contratação dessas empresas pode ser:
- Empreitada por preço global (*lump sum price*) e sua variante o *turn-key*
- Empreitada por preços unitários (*unit price*)

- Serviços por administração: administração simples (*cost plus*) e administração interressada (*cost plus fixed free*)

Os dois primeiros regimes caracterizam a prestação de serviços e a última, a contratação de mão de obra. As diferenças entre essas formas de contratação são:

Tabela 5.1: Diferença entre formas de contratação

Prestação de serviço	Contratação de mão de obra
Empresários/empresas	Atravessadores/agências de emprego
Empresa prestadora de serviço com *know-how* na atividade correlata	Mão de obra colocada à disposição de outros, os quais têm *know-how*
Sem restrição legal	Há restrição legal
Os empregados são subordinados pela própria prestadora de serviços	Os empregados da contratada são subordinados pela contratante
Risco trabalhista mínimo	Risco trabalhista significativo

Especificamente, para as empresas públicas, os contratos de manutenção e aquisição de quaisquer bens ou serviços devem atender ao disposto na Lei 8.666/1993 [80] que define as regras e princípios para contratação pelos órgãos da administração pública em todas as esferas (municipal, estadual e federal) [81].

CONCLUSÃO

A política de manutenção deve ser um importante instrumento nos setores responsáveis. O contrato de manutenção deve ser bem redigido e verificado por um responsável técnico e outro jurídico. Um bom contrato auxilia na melhoria da qualidade do serviço prestado, consequentemente aumentando o tempo de operação do equipamento.

Para finalizar, durante a prestação do serviço de manutenção o gestor não deve aceitar de boa vontade as seguintes frases: "Isto não é defeito, é característica do equipamento..." ou "Não há previsão de chegada da peça...".

Sempre inclua cláusulas penais.

6 EDUCAÇÃO CONTINUADA

Alexandre Ferreli Souza

Resumo: apresentação da educação continuada como um fator redutor de acidentes e também de indisponibilidade de equipamentos em função de erros operacionais. Necessidade de educação continuada em virtude da alta rotatividade de mão de obra em EAS. Sugestões para implantação de educação continuada. Exemplos de acidentes causados por falta de treinamento e manutenção. Como proceder após um acidente com equipamento médico. Apresentação de referências para atualização de riscos e acidentes com equipamentos médicos.

Palavras-chaves: educação continuada, treinamento, acidentes, falhas, tecnovigilância.

"Uma das mais importantes tarefas das pessoas que assumem o gerenciamento hoje é auxiliar todo mundo a aprender o suficiente, rápido o bastante para não ficar para trás nos negócios ou na especialidade envolvida."

Sharon Donegan [25]

INTRODUÇÃO

Por que falar de educação continuada em um contexto de gestão de manutenção, segurança e tecnologia hospitalar? A resposta, conforme Harada *et al.*, é o resultado de vários anos de atuação na área: um percentual de falhas e indisponibilidade de equipamentos é causado por uso incorreto e procedimentos inadequados, que por vezes pode culminar em eventos desastrosos como acidentes envolvendo colaboradores ou clientes das unidades de saúde [44].

O equipamento ao ser adquirido, é entregue com um pacote que inclui treinamento. O problema é que nos EAS, o fator de rotatividade humana é alto. Normalmente, o profissional treinado para operar o equipamento não permanece nessa atividade durante a sua vida útil.

Segundo Simmons, profissionais bem treinados com relação ao uso correto de equipamentos médicos geram menor quantidade de solicitações de serviços para a área de manutenção e cometem menor quantidade de erros operacionais [82], prolongando a vida útil do equipamento e proporcionando maior retorno financeiro do capital investido.

A produtividade e a satisfação no serviço também aumentam, pois mais do que qualquer coisa, o treinamento é um símbolo de valorização dos funcionários. Conforme Eppler, numa época em que as empresas precisam ser flexíveis e ágeis na resposta, funcionários desinformados e desengajados representam um enorme risco [25].

O programa de educação continuada deve ser aplicado não somente para operação de equipamentos, mas também para os profissionais de Engenharia e Manutenção que atuam no EAS, para que todos conheçam a importância dos procedimentos de testes, ensaios, sua periodicidade e a forma correta de realizá-los.

EDUCAÇÃO CONTINUADA (ECO)

A educação continuada é definida por SILVA como "conjunto de práticas educacionais planejadas no sentido de promover oportunidades de desenvolvimento ao funcionário, com a finalidade de ajudá-lo a atuar mais efetivamente e eficazmente em sua vida institucional" [83].

O ideal é que cada novo funcionário destinado a trabalhar com um equipamento receba treinamento sobre esse equipamento. O MHRA considera, assim com os autores, que treinamento é um elemento chave no fator segurança [72]. Algumas soluções podem ser implantadas para minimizar o problema da falta de conhecimento:

1. Delegar a responsabilidade: deve ser eleito um setor responsável para certificar o novo funcionário. Pode ser o setor de RH ou criado um setor de ECO. É importante que sejam especificadas diferentes escalas de certificação (o treinamento de um funcionário operacional de ressonância magnética é diferente do treinamento de um funcionário de limpeza e/ou manutenção).
2. Definir certificadores: a certificação poderá ser externa ou interna. Se externa, ela será ministrada pelo próprio fabricante por meio de aulas e prova.

Se interna, serão definidos instrutores para replicar o treinamento recebido pelo fabricante, e aplicar as provas.
3. Definir requisitos para desempenho de função: A definição por parte da instituição de um documento que descreva cada função existente na organização, com a respectiva demanda de treinamentos e requisitos de escolaridade.

É importante que o treinamento seja ministrado a todo novo funcionário, e os certificados tenham validade e número de registro. Os treinamentos devem ser oferecidos conforme demanda ou periodicamente. A demanda pode ser decorrente de mudança tecnológica, alteração de procedimento etc.

O treinamento deve incluir informações sobre como operar o equipamento, medidas de identificação de falhas operacionais e de segurança.

A RDC 2, em seu artigo 12, informa que o EAS deve elaborar, implantar e implementar um programa de educação continuada para os profissionais envolvidos nas atividades de gerenciamento, com registro de sua realização e participação [42]

Os Departamentos de Engenharia Clínica, e de Segurança do Trabalho podem estar envolvidos no processo, ou mesmo ter uma equipe que participe dos treinamentos, em virtude de a formação do Engenheiro Clínico e de Segurança do Trabalho ser multidisciplinar.

ACIDENTES: IMPERÍCIA OU FALHA HUMANA?

Embora acidentes por falhas ou imperícia sejam indesejados, observa-se na prática que durante o funcionamento do EAS eles ocorrem. As consequências, conforme citado por Harada, podem afetar diferentes níveis e, em último caso, levar ao óbito do paciente [44].

Segundo Geddes, falta de treinamento, não familiaridade com indicações e/ou contraindicações de uso, falha na leitura (interpretação) do manual do equipamento são consideradas negligência [84].

Os processos por erro médico no Superior Tribunal de Justiça aumentaram 200% em seis anos (Anexo G).

Exemplos ocorridos

- Em duas vezes, o cabo dos eletrodos de ECG conectados ao paciente foi conectado direto à rede elétrica. Uma morte causada por choque elétrico e um paciente com queimaduras de terceiro grau (*Health Devices*, fev. 1987, v. 16, n. 2, p. 44-6).
- Técnica em enfermagem ao manusear um desfibrilador com tela para exibição do eletrocardiograma, colocou as pás do equipamento em seu peito, recebendo um disparo. Sobreviveu graças à atuação rápida da equipe (*Health Devices*, fev. 1988, v. 17, n. 2, p. 68-9).
- Criança que estava no centro de tratamento intensivo morreu após ser colocado um elemento defeituoso em série com o fornecimento de oxigênio.

O elemento não foi inspecionado (*Health Devices*, mar.-abr. 1992, v. 21, n. 3-4, p. 137).

- Inversão de gases medicinais na entrada do equipamento de anestesia. O paciente durante a cirurgia recebia uma mistura de gases com pouco oxigênio e muito óxido nitroso. Dois pacientes morreram (*Health Devices*, jul. 1984, v. 13, n.9, p. 22).

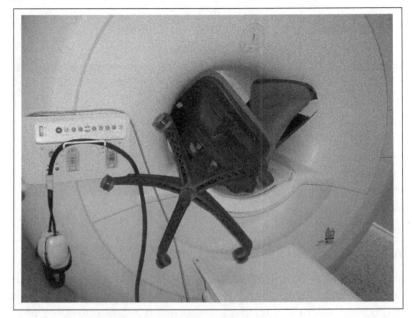

Figura 6.1: Acidente com ressonância magnética
Fonte: Jornal local. Disponível em: <http://www.visit.is/article/20090821/FRETTIRO/263095035>.
Acesso em: 30 de agosto de 2009.

- Uma cadeira de escritório não compatível com ressonância magnética que estava sendo utilizada para mover o paciente para dentro da sala de exame, voou para o interior do magneto no dia 20 de agosto de 2009 na Islândia[1] (Figura 6.1). Não houve feridos, mas o procedimento de retirada da cadeira resultou na parada do serviço.
- Gerador sem rotina de inspeção: Houve uma pane elétrica na Unidade de Terapia Intensiva (UTI) adulto. O gerador, que deveria ter sido acionado automaticamente para manter os aparelhos funcionando, falhou. As vítimas fatais foram: Maria, 42 anos, Valdemir, 30, e Claudinei, 42 [85].

Além, das considerações sobre a rotina de manutenção deve ser considerada a necessidade de elaborar um estudo de confiabilidade. Esse estudo pode considerar que não basta apenas a aplicação de uma rotina de manutenção.

---

[1] Jornal local. Disponível em: <*http://www.visir.is/article/20090821/FRETTIR01/263095035*>. Acesso em: 30 ago. 2009.

Pode ser que no caso de um equipamento vital para a garantia da vida dos pacientes seja necessário um equipamento redundante. **Deveriam ser realizados treinamentos e simulações para as equipes saberem como agir em situações de emergência.**

- Procedimento incorreto: O incidente ocorreu em dezembro de 1997, quando a paciente foi internada para fazer uma curetagem. Depois que passaram os efeitos da anestesia, ela começou a sentir dores fortes na perna esquerda por causa de uma queimadura.

O juiz reconheceu que a queimadura "decorreu do uso inadequado de equipamento denominado 'foco', utilizado para iluminar o campo cirúrgico, com lâmpada incandescente envolta em cúpula metálica, que encostou à face interna da perna esquerda da autora do processo." [86]

A identificação de situações como a apresentada é determinante na revisão de procedimentos de trabalho. Contudo, o mais adequado é que a elaboração do procedimento já disponha de medidas para evitar esse risco. Caso, o acidente tenha ocorrido por descumprimento do procedimento, que devidamente previa essa situação, é fundamental para a organização rever a eficácia dos treinamentos que tornaram esses procedimentos conhecidos. Ou seja, faça rodar o *PDCA*, para as atividades de treinamento.

- Durante cirurgia com bisturi elétrico, o paciente sofreu queimaduras nas pernas e na região genital em razão do fogo causado pelo contato do álcool utilizado para desinfetar tais áreas e o acionamento do bisturi elétrico [87].

Esse acidente pode ter ocorrido por dificuldade do profissional em reconhecer o risco de inflamabilidade dos produtos utilizados para realização dos serviços e a dificuldade em identificar fontes de ignição.

- Asfixia: o paciente estava asfixiando, apesar de estar conectado a um ventilador pneumático. A Engenharia Clínica foi chamada com urgência ao local e foi verificado que haviam esquecido de abrir a válvula do oxigênio.

Outro fato marcante da falta de treinamento dos profissionais na identificação de falhas de procedimento e conhecimento do funcionamento do equipamento que poderia levar a consequências graves. O treinamento dos profissionais deve ser exaustivo, e jamais, considerado como uma mera formalidade.

- **Indisponibilidade/atuação em emergências**: um tomógrafo ficou parado durante todo um final de semana porque um dos botões de emergência estava pressionado. O plantonista do final de semana não assistiu ao treinamento e não sabia da existência desses botões.

Essa situação comprova total despreparo do operador para atuar em situações de emergência. Por não saber destravar, certamente não saberia parar o equipamento em uma situação de emergência.

- Flatulência: um dinamarquês sofreu graves queimaduras nas nádegas e nos órgãos genitais durante uma microcirurgia para a retirada de uma verruga. Ele teve um ataque de flatulência quando estava na mesa cirúrgica. Os gases que escaparam de seu intestino pegaram fogo ao entrar em contato com uma fagulha no bisturi elétrico utilizado pelo médico – os gases do organismo humano são ricos em metano, gás altamente inflamável. "Foi o imponderável. Não tenho culpa", diz o microcirurgião Jorn Krinstensen, que está sendo processado pelo paciente [88].

- Aterramento: a Figura 6.2 (disponível no site da *Valleylab* de educação clínica) mostra um local incomum de queimadura durante eletrocirurgia. A queimadura ocorreu quando um bisturi elétrico foi utilizado com um eletrocardiógrafo utilizando o mesmo condutor de aterramento. O eletrodo de ECG forneceu um caminho de menor resistência para a corrente elétrica até o terra. O calor produzido pela densidade de corrente na área do eletrodo produziu a queimadura [89].

Os procedimentos de segurança e riscos oferecidos pelo procedimento deveriam ser de conhecimento da equipe. Esse acidente poderia ser evitado se os condutores de aterramento tivessem capacidade de transmissão de corrente adequada, e se os pontos de aterramento onde foram conectados possuíssem resistência de aterramento de acordo com as determinações técnicas das normas da ABNT.

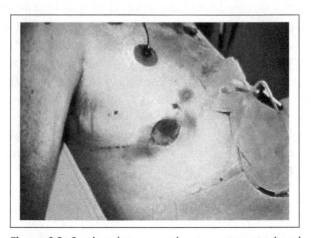

Figura 6.2: Queimadura causada por erro operacional

Fonte: [89].

- Falha elétrica: geradores com circuitos isolados de retorno, minimizam o risco de queimaduras, mas não protegem o paciente de problemas nos eletrodos (placa) de retorno, choque elétrico, como mostrado na Figura 6.3 [89].

Historicamente, as queimaduras por problemas no eletrodo de retorno correspondem a 70% das injúrias reportadas durante o uso de eletrocirurgia.

- Queimadura: após, receberem novos monitores multiparâmetros, os funcionários não esperaram o treinamento para utilizar os equipamentos. O equipamento foi utilizado na configuração padrão (adulto) ao invés de infanto, o que causou queimaduras no paciente.

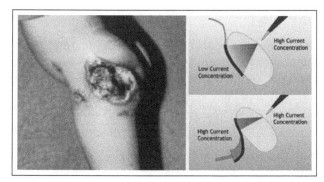

Figura 6.3: Queimadura causada por falha na placa de retorno

Fonte: [89].

- Esmagamento: em 31 de julho de 2001, após ter finalizado o exame de ressonância magnética e estar aguardando a retirada do equipamento, um garoto de 6 anos foi a óbito por ter tido sua cabeça esmagada por um cilindro ferromagnético de oxigênio (Figura 6.4). O cilindro foi atraído pelo campo magnético com uma aceleração maior que 60 km/h (exemplo da força atrativa magnética de um equipamento de ressonância).

Figura 6.4: Reportagem de jornal sobre o acidente que ocasionou o óbito de uma criança de seis anos
Fonte: ABC News. Disponível em: <http://abcnews.go.com/US/story?id=92745&page=1>.
Acesso em: 24 de maio de 2010.

- Falha de observação: Em 17 de dezembro de 2006 um bebê foi levado para fazer um exame de ressonância magnética. Uma falha de observação permitiu que o bebê fosse examinado com um sensor de oximetria não compatível com ressonância preso em seu braço. Isso ocasionou uma queimadura de quarto grau que resultou na amputação do antebraço alguns dias após o incidente ter ocorrido [90].

FALHAS: E DEPOIS?

Primeiro, deve ser identificado o fator que gerou a falha, o acidente ou a indisponibilidade. Uma vez identificado, devem ser ministrados novos treinamentos e tomadas medidas para que não voltem a ocorrer.

Em caso de acidente devem ser tomadas as medidas jurídicas necessárias e criada uma notificação na ANVISA [47]. Especificamente, para acidentes do trabalho deve ser elaborada CAT[2], de acordo com as determinações do INSS [91].

Seguem abaixo, informações extraídas da cartilha da ANVISA [47] para fornecer uma ideia dos procedimentos investigativos:

> "Ao investigar incidentes relacionados a dispositivos médicos, deve-se pimeiro confirmar se o dispositivo **foi, ou não, um fator de contribuição**. Dependendo do caso poderá ser necessário realizar um acompanhamento mais apropriado, como por exemplo, uma inspeção do fabricante.
>
> Entreviste o paciente, profissionais de saúde e quaisquer outros indivíduos que testemunharam ou que possam ter informações sobre o incidente. Ao conduzir uma investigação dentro do hospital, certifique-se de contatar e informar o administrador e demais pessoas necessárias sobre o propósito da investigação.
>
> Obtenha as seguintes informações relativas aos dispositivos médicos:
>
> 1. Uma descrição completa do incidente (sequência dos eventos) e dos ferimentos, incluindo:
>   i. Marca, modelo, número de série e fabricante do produto;
>   ii. Detalhes do suposto acidente, incluindo:
>   a) Número de pessoas envolvidas;
>   b) Sintomas;
>   c) Início do evento;
>   d) Duração e consequência;
>   e) Data e hora da ocorrência;
>   f) Relatórios de outras agências reguladoras ou organismos de investigação;
>   g) Relatórios de relatos semelhantes;
>   h) Incidentes similares;
>   i) **Análises dos procedimentos**/protocolos clínicos.
> 2. Cópias de registros médicos e/ou laboratoriais;
> 3. Se indicado, a causa oficial de óbito, certidão de óbito, relatório de autópsia;
> 4. **Determine se o produto falhou, e a causa;**
> 5. **A condição do produto durante a utilização, em especial para os equipamentos médicos:**
>   i. Reveja o histórico de manutenções, incluindo os **responsáveis pela manutenção** (passado e presente);
>   ii. As chamadas de serviços especiais;
>   iii. Reparos;
>   iv. Se os componentes de alarme ou sistemas de segurança funcionavam no

---

[2] CAT – Comunicação de Acidente do Trabalho.

momento de ocorrência do evento adverso;
- v. Registros de manutenção;
- vi. Verifique se o equipamento está calibrado ou precisa de calibração;
- vii. Mudanças ou correções feitas anteriormente ou posteriormente ao incidente;
- viii. Quem realizou a tarefa;
- ix. Uma entrevista com o pessoal do Departamento de Engenharia Biomédica ou Engenharia Clínica poderá ser indicada.
6. Quem teve acesso ao produto e se os profissionais utilizando o produto estão familiarizados com suas operações;
7. Os resultados de quaisquer exames ou inspeções do produto pelo hospital ou de outro grupo para determinar a causa do incidente;
8. Se há outros produtos do mesmo modelo ou lote no local."

REFERÊNCIAS

Os autores incentivam o leitor a se manter atualizado, verificando sempre as bases de dados sobre acidentes em EAS. Entre as principais bases de dados, são sugeridas:

- U. S. Food and Drug Administration (FDA) – *http://www.fda.gov*
- Health Canadá – *http://www.hc-sc.gc.ca*
- Sistema de Notificações em Vigilância Sanitária (NOTIVISA) – *http://www.anvisa.org.br*
- *ECRI MDSR (Emergency Care Research Institute´s Medical Device Safety Reports)* – http://www.mdsr.ecri.org

As organizações acima mantêm um registro de acidentes e adversidades ocorridas com equipamentos, drogas etc. Existe a possibilidade de se inscrever para receber e-mails informativos de eventos adversos.

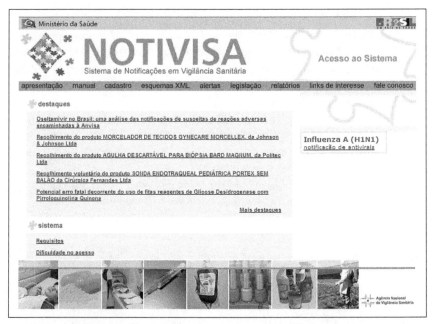

Figura 6.5: Página da NOTIVISA
Fonte: Disponível em: <http://www.anvisa.gov.br/hotsite/notivisa/index.htm>.
Acesso em: 24 de maio de 2010.

CONCLUSÃO

A educação continuada é uma importante ferramenta para evitar paradas de equipamento, perda de credibilidade e na prevenção ou redução de acidentes.

Um responsável interno do EAS deve ser definido para gerenciar o processo de treinamento e certificação dos envolvidos na operação de equipamentos. Esse responsável deve estar atento à descrição de cargos elaborada pela organização e proporcionar os treinamentos adequados para os colaboradores destinados a essas funções.

Acidentes podem trazer prejuízos financeiros, marketing negativo e, em última instância, óbito. Uma vez ocorrido o acidente, devem ser tomadas medidas para evitar a sua repetição. Assim, a organização estará atuando de forma reativa, o que é importante.

Porém, a melhor opção para a organização é a atuação preventiva. A elaboração de análises de risco estruturadas para levantamento de cenários de possíveis acidentes ou falhas é fundamental para garantir maior confiabilidade.

A elaboração de análises de risco confiáveis requer pessoal treinado e competente no uso de ferramentas estruturadas de análise de riscos. Para que a organização possua esse tipo de profissional, é necessário que seus funcionários sejam treinados no uso dessas ferramentas, pois, a análise de risco tem como pressuposto, que o executor da análise seja conhecedor dos processos analisados.

MANUTENÇÃO DE INFRAESTRUTURA

Cristina Helena Toulias Heringer

Resumo: apresentação das especificidades de um EAS em seu modelo mais complexo, o hospital. Efeitos da manutenção no retorno de clientes. Obra em edificação hospitalar. Instalações prediais, elétricas, hidráulicas, normas técnicas, refrigeração e climatização, gases medicinais, caldeiras.

Palavras-chaves: gestão hospitalar, Engenharia de Manutenção, monitoramento, confiabilidade, garantia de segurança, análise de indicadores.

INTRODUÇÃO

O hospital é um tipo de instalação que deve possuir níveis de confiabilidade muito altos, não podendo parar de forma aleatória em nenhuma hipótese. Seus sistemas devem possuir práticas de manutenção para assegurar essa condição e a manutenção da vida dos pacientes. A continuidade operacional permanente é premissa básica para uma instalação voltada à assistência em saúde. Em virtude do risco de morte dos pacientes, o retorno à condição normal de operação dos sistemas deve ser imediato, ou os sistemas devem contar com redundância, caso o retorno à operação normal não possa ser realizado. Portanto o acesso aos equipamentos e instalações deve ser facilitado por um bom projeto. Ou seja, o projeto deve garantir a mantenabilidade dos sistemas envolvidos.

Neste capítulo não existe a pretensão de ensinar como manter um hospital, apenas oferecer algumas práticas, baseadas em experiências, adquiridas ao longo de anos de trabalho e levar os profissionais da área a refletir sobre as medidas de manutenção que garantam a operação de sua unidade. Os profissionais e empresários envolvidos com a área de saúde devem compreender que a redução das despesas geradas pela manutenção é comum para os gestores desse negócio, afinal essa é uma das atividades de apoio, que não gera receita, porém é capaz de gerar elevadas despesas e um aumento do risco do negócio, em virtude de acidentes e reclamações dos usuários.

O produto final da manutenção vai ser a disponibilidade dos sistemas, a garantia de segurança para os pacientes e trabalhadores, e o retorno financeiro para a instituição. A manutenção de um edifício hospitalar começa ainda na fase do projeto de sua construção[1]. Segundo Karmam [92], o físico encontra-se intimamente ligado ao funcional. Por esse motivo, quanto melhor for o projeto de um hospital, mais eficiente e eficaz será a sua manutenção. Um exemplo de projeto, feito por Toledo, pode ser visto na Figura 7.1 [93].

A Manutenção atuando no projeto, ao fazer seleção criteriosa e escolha apropriada de acabamentos, instalações e equipamentos pode poupar dissabores futuros [94]. O ideal, conforme Meirelles, seria que durante o projeto do EAS, na fase pré-construção, fosse assegurada à futura instituição, ainda em fase de planejamento, uma infraestrutura que possibilite meios e recursos físicos e funcionais necessários à implantação da manutenção efetiva, racional e econômica [95]. O projeto deve prever condições que garantam a mantenabilidade das instalações, principalmente, para aqueles sistemas cuja operação impacte fortemente na segurança operacional da instituição, atingindo o cliente.

Em se tratando de manutenção hospitalar, a primeira reação é pensarmos em manutenção de uma edificação, similar a de um hotel. Essa ideia poderia ser correta, não fosse o fato de o hóspede estar presente, em muitas situações em que se faz necessária alguma intervenção, e pelo fato de não haver possibilidade de interrup-

---

[1] O autor interessado em conhecer mais sobre projetos de arquitetura na área de saúde, é convidado a ler as obras de Ronald de Góes: *Manual Prático de Arquitetura Hospitalar* e *Manual prático de Arquitetura para Clínicas e Laboratórios* – 2ª edição revista e ampliada, da Editora Blucher.

ção da operação das instalações, na maioria das vezes. Um cliente internado em um quarto, sofrendo incômodos por causa do serviço de manutenção, provavelmente não será mais cliente no futuro fazendo parte da estatística, feita por Leebow, de 82% que não voltam ao hospital por se considerarem mal atendidos [96].

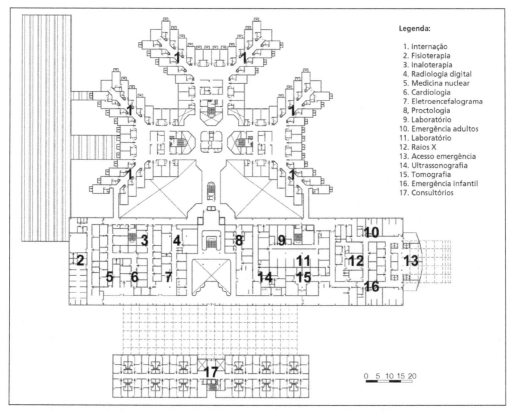

Figura 7.1: Planta baixa do Hospital Vita Rio – Rio de Janeiro, projetado por Mayerhofer e Toledo

Fonte: Arquivo digital do escritório dos arquitetos.

A mudança de visão dos gestores e clientes, que administram e utilizam as dependências de um hospital é comentada por Dias [97]. Mesmo não citando diretamente a manutenção, a autora explica, de forma simples, a mudança do entendimento das unidades hospitalares em relação aos serviços que oferece. Este novo entendimento exige rapidez e eficiência dos diversos setores de apoio, e medidas de planejamento da gestão, que permitam atender com qualidade às expectativas de um cliente cada vez mais exigente e conhecedor de seus direitos.

Tratando-se de um EAS novo, recém-construído, as chances de executar com maior facilidade as manutenções necessárias, aumentam. Porém, muitas edificações hospitalares foram construídas em décadas anteriores, quando ainda não havia disponibilidade das facilidades construtivas de hoje, ou não foram concebidas para a atividade hospitalar que desenvolvem atualmente. A evolução da medicina, criando novas tecnologias em equipamentos médicos, exige instalações mais sofisticadas e muitas vezes de difícil adaptação nos edifícios já existentes, dificultando por consequência as intervenções futuras da manutenção.

Outra dificuldade encontrada na execução da Manutenção em Unidades Hospitalares está na impossibilidade de paralisação de alguns setores vitais. Uma das competências mais importantes para credenciar um profissional para o cargo de Coordenador de Manutenção em uma unidade hospitalar é a habilidade para negociação. Saber abordar os demais gestores e acordar o melhor momento para intervir, não é nada fácil. A Manutenção terá, ao longo do tempo, de intervir em diversos setores, com diversos graus de complexidade e com diferentes responsáveis, porém quase todos têm uma coisa em comum, **formação na área de saúde**, ou seja, não possuem muita facilidade em compreender as atividades que envolvem o nosso dia a dia. O importante é manter o cliente informado sobre o andamento do serviço e focar na causa do problema, assim, aumentam as chances de evitar novas intervenções em curto espaço de tempo.

A utilização de práticas preditivas de manutenção (ou manutenção preventiva por estado) pode ser um meio para redução das interferências da manutenção que requeiram a parada de equipamentos ou instalações. O gestor da manutenção deve ser hábil em identificar quais os sistemas, na unidade hospitalar, que devem receber esse tratamento. Os custos desse tipo de manutenção são mais altos que a manutenção preventiva ou corretiva, ela envolve mão de obra muito mais qualificada. Contudo, os benefícios em relação ao custo operacional global da instalação e o retorno na confiabilidade e disponibilidade podem justificar esse investimento.

Caso a unidade hospitalar não disponha de mão de obra ou equipamentos para implementação dessas atividades é possível contratar empresas especializadas no ramo, observando, certamente, os cuidados em estabelecer os contratos de prestação de serviços tratados neste livro.

Ramirez contemplou, de forma técnica e prática, as descrições para o desenvolvimento do tema "manutenção preventiva hospitalar". Descreveu, de forma simples e objetiva, por meio de roteiros e planilhas, todas as ações, tanto técnicas como administrativas, necessárias para a implantação e o desenvolvimento na prática de um programa geral de manutenção preventiva predial e de equipamentos em um hospital [98].

HOSPITAL: UM CANTEIRO DE OBRAS

Assim como a medicina está em constante evolução, os EAS sofrem constantes modificações em sua estrutura física a fim de receber as mais novas tecnologias nos tratamentos de saúde.

Outro motivo para as sucessivas mudanças é a busca incansável por melhores condições para assistência e maior conforto para os usuários dos estabelecimentos. Um marco nessa evolução foi a RDC 50 [1], em que a ANVISA dispõe sobre o Regulamento Técnico para o planejamento, a programação, a elaboração e a avaliação de projetos físicos de estabelecimentos de saúde. Além de outras normas [99], que dispõem sobre instalações elétricas [100], climatização e refrigeração [101], instalações prediais de água quente, fria, fluviais e esgoto [102] dentre outras.

A contínua evolução brasileira no campo da edificação hospitalar, desde sua concepção até sua operacionalização e para a valorização de sua importância para a qualidade de vida da sociedade, resultou na fundação da Associação Brasileira para o Desenvolvimento do Edifício Hospitalar (ABDEH). Esta é uma entidade independente, aberta e multidisciplinar, constituída por profissionais e empresas ligadas ao setor.

A manutenção predial conta com a ajuda dos usuários e de vários setores do hospital na identificação dos problemas e necessidades de intervenção. Porém, o desejável é que a manutenção se antecipe, pois quando a identificação é feita pelo cliente, seja ele interno ou externo, existe o comprometimento da qualidade percebida. As periódicas visitas técnicas da CCIH e as inspeções do SESMT (regulamentado pela NR 04 [103]) são fundamentais para a manutenção da qualidade e a segurança dos serviços prestados, pois nessas visitas são pontuadas além de aspectos técnicos inerentes a cada um deles, situações de não conformidades das instalações que auxiliam as tarefas de Manutenção e atendimento dos requisitos de segurança.

Obra em edificação hospitalar

Atualmente, durabilidade, resistência e custo das estruturas vêm sendo tratados com igual importância. Como a durabilidade afeta diretamente o custo das construções, a necessidade de reforço e reparo em estruturas tem feito com que os engenheiros se conscientizem da importância do tema. Segundo Helene [104] "pode-se afirmar que as correções serão mais duráveis, mais efetivas, mais fáceis de executar e muito mais econômicas quanto mais cedo forem executadas".

A demora em iniciar a manutenção de uma obra torna os reparos mais trabalhosos e onerosos. A lei de Sitter (ou lei de evolução dos custos), mostrada na Figura 7.2, divide as etapas construtivas em quatro períodos: projeto, execução, manutenção preventiva (efetuada nos cinco primeiros anos) e a manutenção corretiva (efetuada após surgimento dos problemas). A lei diz que o impacto dos custos de um erro detectado em cada uma dessas etapas construtivas corresponderá a um custo que segue uma progressão geométrica de razão cinco.

O projeto é o primeiro estágio da manutenção. Uma instalação hospitalar bem projetada é capaz de apresentar melhor desempenho, pois permitirá intervenções mais rápidas e eficazes. Na etapa de projeto é importante envolver os responsáveis pela manutenção futura. As decisões tomadas nessa fase influenciam diretamente na redução ou aumento do número de intervenções, do tempo de interrupção e agilidade do serviço prestado.

As construções antigas, que aparentemente estão muito longe de cumprirem as recomendações constantes nas novas resoluções e normas técnicas, apresentam, muitas vezes, limitações estruturais para as adaptações necessárias, porém, o engenheiro deve utilizar de seus conhecimentos e experiência para que a instalação possa atender as determinações legais e normativas definidas para o tipo de instalação. Destaca-se que toda modificação deve considerar as implicações para as atividades de manutenção das instalações e dos equipamentos, de maneira a atender as demandas de operação e segurança das atividades desempenhadas.

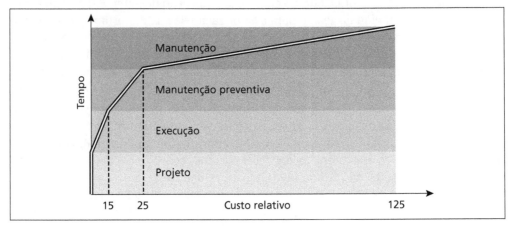

Figura 7.2: Lei de Sitter

Fonte: Adaptada de [104].

O ambiente hospitalar é um local onde as pessoas necessitam de descanso. Portanto, as operações ruidosas devem ser minimizadas e sua realização deve ser feita em horários apropriados. A poeira gerada em obras de construção civil pode danificar equipamentos sensíveis e carrear microrganismos, contaminando os pacientes. Portanto, deve ser minimizada. Como medida prática de minimizar poeira em atividades de construção civil, pode-se adotar o emprego racional de tapumes para separação de ambientes de trabalho; acondicionar produtos como pedra, areia e cimento em locais fechados e utilizar a pulverização de água com frequência em partes da obra que produzam maior quantidade de poeira.

Em um hospital as atividades de construção ou reforma nem sempre podem ser realizadas como e quando se deseja. É preciso planejá-las antecipadamente, para minimizar sua interferência nas atividades hospitalares.

Toda modificação realizada em uma instalação deve ser acompanhada de documentação de engenharia pertinentes, tais como plantas de engenharia, memorial descritivo de projeto (MD), fluxogramas de processo etc. Quando houver alguma modificação no projeto original, esta deve ser documentada, ou seja, acompanhada de *"as built"* (alteração do projeto inicial, em que devem constar todas as modificações realizadas durante a construção). Possuir a documentação técnica das instalações é fundamental para o planejamento e execução dos serviços de manutenção de qualquer tipo de instalação, principalmente de instalações com requisitos de confiabilidade e segurança tão importantes como uma unidade hospitalar.

Instalações prediais

As instalações prediais, conforme Siqueira, são semelhantes, independentemente da utilização dos edifícios (estrutura, alvenaria, revestimentos, instalações hidráulicas, combate à incêndio e gás, instalações elétricas e para-raios, ar condicionado, ventilação forçada, elevadores, bombas e outras máquinas etc. [105]). Porém no caso dos EAS a diferença está na forma de manter, e nos cuidados que devem ser tomados com alguns sistemas, para a garantia da qualidade dos insumos oferecidos e a segurança dos usuários das instalações.

Elevadores

Em um EAS a falha de um elevador pode se tornar um risco para a vida do paciente, quando, por exemplo, durante o transporte deste para outro setor, o indivíduo apresenta um mal súbito e devido a demora na correção do defeito, não for possível prestar o socorro imediato. Elevadores destinados ao deslocamento de pacientes terão preferência no atendimento de emergência, pois estão diretamente envolvidos no Fluxo de Transporte Seguro de Pacientes[2] nas instituições de saúde, e devem funcionar perfeitamente. Nos casos de parada do equipamento, a manutenção deverá estar preparada para intervir imediatamente.

Conservação

A má conservação de paredes, pisos e revestimentos em geral permite o acúmulo de sujidade aumentando a proliferação de microorganismos. O mofo, nos banheiros a áreas úmidas, deve ser combatido constantemente, pelo mesmo motivo. A inspeção periódica das instalações deve envolver a observação das condições físicas dos ambientes e ainda a verificação das fixações de louças sanitárias, ferragens e vazamentos em geral, a fim de garantir as boas condições de uso, além da segurança do usuário das instalações hospitalares.

Obras em setores específicos

Obras no setor de radiologia devem ser acompanhadas com cuidado em virtude das blindagens existentes. As blindagens e proteções são as mais variadas e específicas: vidro plumbífero, blocos de ferro doce, chumbo, barita, gaiola de Faraday, concreto, e muitos outros, inclusive "casamatas" de concreto de alta densidade (5,5 g/cm^3) e grande espessura (dois metros e mais). As necessidades de infraestrutura serão determinadas pelo fabricante do equipamento, que fornecerá também todas as informações ao projetista da área.

Instalações hidráulicas

Com relação às instalações hidráulicas as regras são as mesmas de qualquer outra edificação, ou seja, garantir limpeza dos reservatórios inferiores e superiores, manter em condições de uso o sistema de bombas de recalque e verificação dos registros e louças [105]. Porém, quando falamos na qualidade da água, os cuidados devem ser mais rigorosos.

O fornecimento de água não contaminada é essencial para várias operações no hospital. Além de ser necessária à vida, é utilizada para procedimentos de limpeza,

---

[2] Protocolo clínico onde estão identificadas e descritas as ações e cuidados que devem ser conhecidos e respeitados por todos os envolvidos no transporte de pacientes dentro da unidade hospitalar.

desinfecção e esterilização, para preparo de banhos para hemodiálise, no preparo de alimentos; em compressores e bombas de vácuo selados à água. Obviamente, os requisitos de pureza irão variar para cada tipo de consumo.

A monitorização da qualidade da água ofertada nos hospitais deve ser constante, e envolve coleta periódica, mensal, de amostras para análise, com planos de ação predeterminados para agir rapidamente em caso de resultados não satisfatórios. A elaboração do projeto de gestão de águas, que inclui a determinação dos pontos de coleta, é de responsabilidade da CCIH[3], porém o gerenciamento desse processo e ação corretiva são responsabilidades da Manutenção Predial. Como o objetivo desta monitorização é assegurar a qualidade da água recebida, armazenada e distribuída, caso o resultado da análise microbiológica seja insatisfatório, o plano de contingência deve ser iniciado, ou seja, o processo de tratamento suplementar deverá ser desencadeado. Pode-se utilizar para tanto o superaquecimento, quanto a aplicação de produtos químicos nesse tratamento. A forma mais efetiva de tratamento do sistema de águas ainda é a lavagem dos tanques, com remoção de sujidade por meio de limpeza mecânica, e adição de cloro.

A portaria GM/MS 518 do Ministério da Saúde [106], estabelece os procedimentos e responsabilidades relativos ao controle e vigilância da qualidade da água para consumo humano e seu padrão de potabilidade. Essa portaria oferece todos os parâmetros aceitáveis para a água destinada ao consumo humano e norteia a manutenção na análise crítica dos resultados encontrados nas amostras coletadas. A Vigilância Sanitária, por meio de sua Diretoria Colegiada, elaborou a RDC 154 [107], que estabelece o regulamento técnico para o funcionamento dos serviços de diálise. Uma das preocupações para a prestação desse tipo de serviço, é a monitorização da qualidade da água utilizada, que deve estar em conformidade com a portaria citada anteriormente, além de seguir as recomendações contidas na RDC, não só quanto as suas características físicas, mas também com os cuidados dispensados com os reservatórios.

São necessários cuidados especiais com a água utilizada por alguns equipamentos, como por exemplo, as autoclaves e aquecedores, que têm a vida útil reduzida pela corrosão, o que poderá levar à troca precoce de alguns componentes e ao aumento da ocorrência de falhas desses equipamentos. O registro dessa monitorização também é muito importante, pois é a evidência dos cuidados e da seriedade com que a instituição trata esse assunto, além de respaldo jurídico se necessário.

Em relação às instalações de esgoto, a limpeza das caixas de passagem e gordura deve ser mensal. Dessa maneira, minimizamos os riscos de entupimentos indesejáveis, principalmente em ambiente hospitalar.

Refrigeração e climatização

Para a refrigeração e climatização dos EAS os equipamentos e instalações utilizados são os mesmos encontrados no mercado e já em uso nas várias edificações comer-

---

[3] Composta por profissionais da área de saúde, ou seja, médico infectologista e enfermeiros especialistas em infectologia.

ciais existentes. Mais uma vez, o diferencial está nos cuidados necessários para este tipo de uso.

O rigoroso controle de temperatura, pressão e umidade dos ambientes é um procedimento bastante comum em instalações hospitalares. Ambientes destinados ao armazenamento e manipulação de medicamentos e alimentos são constantemente monitorados, assim como as áreas de trabalho onde as pressões tenham de ser especialmente medidas e mantidas. Citam-se, como exemplo, os arsenais, os almoxarifados, as câmaras frigoríficas, o magarefe (área destinada à manipulação e preparo das carnes a serem utilizadas na produção de determinada refeição), as salas limpas de manipulação de medicamentos [108], e os ambientes controlados para isolamento de pacientes que apresentem determinados diagnósticos.

Umidade excessiva no ambiente hospitalar não é comum, embora possa ser encontrada em construções cujos projetos originais foram mal concebidos ou por influência do meio externo. Em alguns casos ocorre a redução do recebimento do sol nas edificações hospitalares por se encontrarem, bem próximas a essas construções, árvores e outros obstáculos que impedem a ação da luz solar direta.

Dependendo do sistema de refrigeração projetado, uma parada para manutenção pode deixar boa parte do hospital sem sistema de refrigeração. Portanto, a intervenção deverá ser acordada com os setores mais complexos, informada a todos e bem programada para que o tempo de execução seja o mais curto possível.

Outra preocupação constante é com a qualidade do ar, que deverá ser monitorado periodicamente nos ambientes hospitalares. Assim como no processo de cuidados com a água, o processo de manutenção da qualidade do ar tem a participação conjunta da CCIH na determinação dos pontos de coleta e parecer sobre os resultados da análise laboratorial, mas o gerenciamento do processo e a ação corretiva são responsabilidades do setor de manutenção.

A bactéria *Legionella pneumophila* (Figura 7.3) foi associada aos aparelhos de ar condicionado por ter sido a causa de uma pneumonia epidêmica em membros da Legião norte-americana que participavam de uma convenção na Filadélfia, em 1976, resultando em 29 mortes e 82 casos de pneumonia. Vários outros microrganismos podem ser encontrados em equipamentos de ar condicionado e são descritos em literatura como causadores de doenças. Entre eles temos as bactérias: *Bacillus sp.*, *Flavobacterium sp*, *Pseudomonas aeruginosa*, *Staphylococcus aureus*, *Mycobacterium tuberculosis*, *Neisseria meningitidis*, *Streptococcus pneumoniae*, *Actinomyces sp*; os fungos: *Paracoccidioides sp.*, *Penicillium sp.*, *Aspergillus sp.*, *Cladosporium sp.* e *Fusarium sp*; e os vírus da influenza e sincicial respiratório.

A limpeza dos dutos deve ser feita anualmente ou de acordo com a necessidade apontada pela análise das amostras de ar coletadas. A falta de limpeza dos dutos e de trocas periódicas dos filtros, em áreas de internação, compromete o ar desses ambientes, podendo levar o paciente a apresentar problemas respiratórios, que influenciam no aumento do tempo de permanência desse indivíduo no hospital, aumentando, dessa forma, o tempo de exposição aos riscos inerentes ao ambiente hospitalar.

Existem equipamentos, como a ressonância magnética, que sem a refrigeração simplesmente não funcionam. Por isso os equipamentos de refrigeração acoplados a esses equipamentos médicos necessitam de cuidados constantes e maior vigilância. A falha do *chiller* durante a execução de um exame, tem como consequência a parada do equipamento de ressonância, ou seja, prejuízo para o paciente que tem seu exame interrompido, e consequentemente seu tratamento comprometido em virtude da falta de laudo conclusivo. É claro que o exame poderá ser refeito logo após ser restabelecido o funcionamento do equipamento, porém, em alguns casos, o diagnóstico tardio traz consequências desastrosas para o paciente.

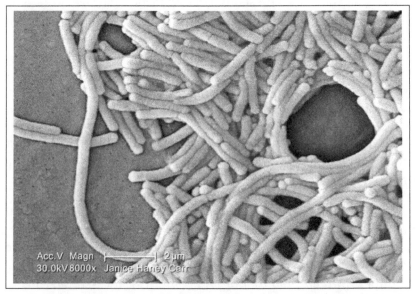

Figura 7.3: A imagem exibe um grupo de bactérias Gram-negative *Legionella pneumophila*
Fonte: Janice Haney Carr, Centers for Disease Control and Prevention (PHIL ID #9999). Disponível em: <http://www.cd.gov/media/subtopic/library/diseases.htm>. Acesso em: 24 de maio de 2010.

Em EAS a confiabilidade e disponibilidade dos equipamentos e ambientes devem estar sempre altas. Quando esses indicadores começar a baixar, é hora de tomar ação imediata. Recuperar a confiança dos usuários das instalações não é missão muito fácil, portanto, o melhor é adotar práticas de manutenção que consigam atingir níveis de confiabilidade e disponibilidade adequados à atividade e que sejam percebidos pelo cliente. A empresa pode utilizar a manutenção de suas instalações como um diferencial do seu negócio. Ou seja, as manutenções preventivas devem seguir rigorosamente o cronograma elaborado. O PMOC poderá ser solicitado para verificação em auditorias, portanto deve ser devidamente executado e atualizado. Esse Regulamento Técnico foi aprovado pelo Ministério da Saúde por meio da portaria 3.523 [109], que trata das medidas básicas para manutenção de sistemas de ar condicionado com capacidade igual ou superior a 60.000 Btu/h, visando a saúde, o bem estar, o conforto e a produtividade dos ocupantes nos ambientes climatizados.

Sistemas elétricos

As instalações elétricas hospitalares devem seguir as normas da ABNT. No caso de instalações elétricas existem diversas normas para atendimento. Nesse ponto serão citadas algumas normas que devem ser observadas: NBR 5410 [110] (essa norma trata das condições para instalações elétricas em baixa tensão); NBR 14039 [111] (trata das condições para instalações elétricas em média tensão); NBR 13534 [100] (instalações elétricas em estabelecimentos assistenciais de saúde – essa norma trata especificamente dos requisitos das instalações elétricas em unidades de saúde).

As instalações elétricas devem atender as determinações da NR 10 [112], principalmente a imposição pelo atendimento às normas da ABNT, e a formação dos profissionais que estão expostos a risco elétrico devem ser treinados sobre práticas de segurança, conforme determinação do item 10.8. Após o treinamento aplicado a empresa deve emitir uma autorização para que esse trabalhador possa atuar nas instalações elétricas da empresa, de acordo com o treinamento aplicado.

As referências normativas da ABNT não se restringem as normas citadas, a peculiaridade de cada instalação vai definir qual referência normativa deve ser utilizada. A identificação do requisito a ser seguido vai depender da experiência e do conhecimento da equipe envolvida nas atividades (seja manutenção operação e projeto dessas instalações).

De todos os insumos utilizados para a manutenção da operação de um EAS, a energia elétrica, ao lado dos gases medicinais, deve ser considerada uma das mais importantes, conforme citado por Santana. O sistema elétrico em um hospital deve estar disponível 100% do tempo, por isso essas instalações contam com um adequado número de *no breaks* e com geradores de energia que devem estar sempre prontos para entrar em operação [113].

A subestação deve ser mantida e inspecionada periodicamente. A manutenção dos equipamentos encontrados nas subestações (transformadores, disjuntores, chaves, equipamentos de proteção elétrica) deve seguir as recomendações dos fabricantes, da concessionária de energia local e recomendações normativas. A limpeza da cabine é fundamental para garantir a operação segura de todos os equipamentos encontrados nessas instalações. A poeira é um inimigo poderoso do isolamento dos equipamentos elétricos. A verificação do isolamento desses equipamentos é fundamental. O isolamento desses equipamentos pode ser constituído de óleo mineral que deve ser avaliado por meio de teste periódico. Os equipamentos com isolamento elétrico sólido devem ser testados por meio de testes com "*Megger*": buchas de transformadores, isoladores de chaves e barramentos, buchas de passagem etc. A verificação de temperatura desses equipamentos é fundamental para seu funcionamento e segurança, podendo ser feita com um simples termômetro de mira, ou com uma inspeção mais elaborada e aprofundada por termografia.

Os cabos elétricos são equipamentos que devem ser monitorados, pois sofrem os efeitos do tempo e de agentes agressivos (temperatura, umidade, agentes químicos corrosivos, danos mecânicos etc.), e quando apresentarem indícios de falha devem ser tratados ou substituídos, se necessário.

O acompanhamento da degradação das instalações elétricas vai depender muito dos valores de testes encontrados nesses equipamentos quando da sua instalação. Para garantir a obtenção desses valores é necessário se valorizar as atividades de comissionamento elétrico na montagem das instalações, para que se tenha um valor para identificar a tendência de falha dos equipamentos. O comissionamento elétrico corresponde a uma série de testes que identificam as condições de instalação de equipamentos, e seus resultados servem como base para a avaliação da manutenção desses equipamentos, além de identificar uma possível tendência para falha.

Os quadros e componentes das instalações elétricas hospitalares devem sofrer inspeção e verificação das conexões e barramentos anualmente.

A instalação de novas cargas em ambientes hospitalares deve ser criteriosa, pois, pode fazer com que a instalação atual sofra uma forte sobrecarga, que pode ocasionar a interrupção no fornecimento pela atuação dos dispositivos de proteção contra sobrecorrente, e até mesmo a ocorrência de incêndios. Outro impacto do aumento de carga da instalação é que o gerador de emergência pode não possuir potência suficiente para atendimento dessa nova demanda e, por fim, falhar na atuação durante uma situação de emergência. O mesmo se aplica aos sistemas de emergência alimentados por *nobreak*.

O projeto de instalações, bem como o de sua alteração, deve levar em consideração a possibilidade de utilizar equipamentos elétricos de alta eficiência energética, para reduzir o comprometimento da capacidade instalada pela concessionária de energia elétrica. Ressalta-se que o aumento de carga, quando houver necessidade de ser feito, deve ser elaborado por um profissional habilitado no CREA da região.

Figura 7.4: Exemplo de grupo gerador, modelo 3516B fabricado pela Caterpillar com potência de 2.281 kVA/1.825 kW

Fonte: Disponível em: <http://www.sotreq.com.br/motores/outras.htm>.
Acesso em: 10 de dezembro de 2009.

Aqueles que trabalham nessa área devem ser preparados para agir em situações de grande *stress*. A falha do grupo gerador no momento da interrupção no fornecimento da concessionária é uma situação extremamente grave. A intervenção imediata é determinante nessas ocorrências. Portanto, os geradores devem ter acompanhamento permanente e as instalações elétricas devem ser avaliadas periodicamente.

Um item importante das instalações elétricas é o sistema de proteção contra descargas atmosféricas (SPDA) [114]. O sistema de aterramento é fundamental para que a energia captada em uma descarga atmosférica encontre um caminho seguro para a terra. O sistema de aterramento, além de ser parte integrante da proteção contra descargas atmosféricas, é fundamental para a operação dos equipamentos elétricos. O aterramento protege os equipamentos contra efeitos de surtos de tensão provenientes da concessionária, garantindo, dessa forma, sua integridade e correta operação.

Além dos danos materiais, um sistema de aterramento com problemas, pode causar danos irreparáveis a pacientes. Recentemente, em agosto de 2008, o Tribunal de Justiça de Minas Gerais condenou um hospital de Belo Horizonte [115], a indenizar um paciente por lesões sofridas após uma cirurgia ortopédica. As lesões foram atribuídas a queimaduras resultantes da condução de energia na placa do bisturi elétrico, em contato com a pele do paciente. Assim como este, não é raro encontrarmos referências de casos similares na literatura. Portanto, todo cuidado é pouco quando se trata de sistemas de aterramento. No caso em questão a justiça considerou que a responsabilidade civil da instituição é objetiva, o que desobriga o paciente da comprovação de culpa do hospital. Ou seja, cabe unicamente à instituição provar que não causou o dano.

Para aumentar a segurança quanto ao aterramento, foram desenvolvidos pisos condutivos muito utilizados em salas cirúrgicas, que por meio de malha de cobre embutida em seu interior são capazes de garantir o sistema de isolamento.

Um modelo de tomadas que costuma vir em réguas importadas é o "*Hospital Grade*" ou de classificação hospitalar [116]. Um exemplo é mostrado na Figura 7.5.

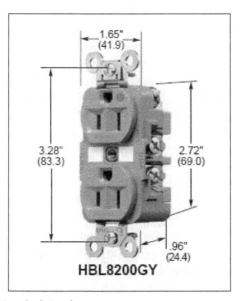

Figura 7.5: Tomada *Hospital Grade*

Fonte: *Wiring-Device Kellems.*

Figura 7.6: Padrão de tomada segundo a NBR 14136
Fonte: Associação Brasileira de Indústria Elétrica e Eletrônica. Disponível em: <http://www.abinee.org.br/noticias/com72.pdf>. Acesso em: 24 de maio de 2010.

A inspeção das tomadas deve ser periódica, pois esse item costuma apresentar danos constantemente, devidos a utilização intensa. Deve-se sempre tomar o cuidado de não haver tomadas com indicação errada de tensão.

A NBR 14136 [117] apresenta um modelo de tomada mais seguro, que deve ser utilizado como padrão (Figura 7.6).

Iluminação

A iluminação de áreas internas é definida pela NBR 5413 [118]. A iluminação é fundamental para garantir a acuidade visual, item que é fundamental em locais para tratamento médico, como por exemplo, em salas de operação. A boa iluminação no ambiente de trabalho propicia elevada produtividade, melhor qualidade do produto final, redução do número de acidentes, diminuição do desperdício de materiais, redução da fadiga ocular e geral, melhor supervisão do trabalho, maior aproveitamento do espaço, mais ordem e limpeza das áreas e elevação da moral dos funcionários [119].

Na maioria das atividades os equipamentos de iluminação são mantidos no esquema corretivo. O que não pode acontecer em alguns ambientes hospitalares. Nesses ambientes, a manutenção dos sistemas de iluminação deve ter caráter preventivo, tomando como base o número médio em horas de duração de um aparelho de iluminação.

Sistemas de gases medicinais

Todos os EAS dispõem de instalações destinadas ao abastecimento e distribuição de gases medicinais a todas as suas dependências.

O tipo de estrutura de armazenamento destes gases irá variar de acordo com o tamanho do hospital, ou seja, o número de leitos e grau de complexidade dos pacientes a que esse hospital está se propondo a atender. Normalmente, o escopo de atendimento e o perfil da instituição são definidos na fase de projeto, porém, como já foi dito, os hospitais estão sempre se adaptando e alterando sua estrutura física para receber novas áreas de atendimento. Sempre é possível modificar a forma de armazenamento, atendendo às condições especificadas pelo fornecedor do insumo.

O vácuo medicinal é usado principalmente para aspiração de secreções de pacientes. Cuidados especiais devem ser tomados quando da manutenção e lavagem dos reservatórios de vácuo medicinal. Para realização dessa atividade é necessário que o profissional utilize equipamentos de proteção individual adequados ao risco presente no serviço. Como recomendação básica, EPIs para essa atividade são: luvas, óculos de proteção, botas e aventais impermeabilizantes e demais necessários.

Os recipientes de gases medicinais, dependendo do tamanho e da pressão de trabalho, são considerados vasos de pressão e devem atender às regulamentações definidas na NR 13 [120] (Caldeiras e vasos de pressão). A NR 13 é a norma do Ministério do trabalho que define os requisitos de segurança para esses tipos de equipamentos.

A NR 13 determina a existência do "Prontuário do Vaso de Pressão", que contém informações úteis à segurança no uso desse equipamento. O vaso de pressão deve possuir manual de operação em português e deve ser inspecionado periodicamente. Quando de sua instalação, após a realização de uma inspeção deve ser emitido um relatório indicando as condições de operação do equipamento.

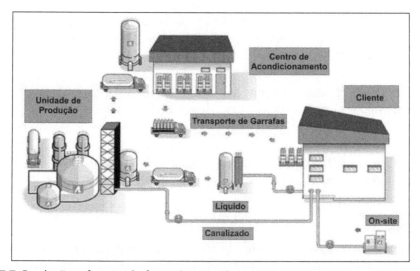

Figura 7.7: Produção e formas de fornecimento de gases.
Fonte: Disponível em: <http://www.airliquide.pt/pt/produtos-e-servicos/gases.html>.
Acesso em: 25 de setembro de 2009.

Em relação ao O_2, existem unidades hospitalares, de pequeno porte, onde o abastecimento de oxigênio se dá por meio de estrutura denominada Central de Oxigênio, onde são acoplados cilindros de oxigênios que serão trocados de acordo com o consumo. Em unidades maiores, que possuem tanques de oxigênio líquido, as centrais de oxigênio com cilindro, são utilizadas como *back up* para o sistema de abastecimento, ou seja, na falha do tanque, a central reserva entra, mantendo a alimentação do sistema. Existe ainda a opção pela instalação de usina de O_2. A implantação dessa forma de abastecimento requer um investimento maior, porém, segundo os representantes, o retorno desse investimento é relativamente rápido.

Para o vácuo e ar comprimido, o mercado dispõe de compressores isentos de óleo, que apresentam bom desempenho para essa atividade, até módulos importados, com controles elétricos e eletrônicos sofisticados. As unidades de médio e grande porte têm optado por locação desses módulos com a empresa fornecedora dos gases utilizados na unidade. Essa modalidade elimina contratos adicionais de manutenção preventiva, pois é de responsabilidade da contratada, o que não elimina o compromisso da manutenção com os procedimentos e cumprimento do cronograma preventivo. Cabe à manutenção a fiscalização e aprovação dos serviços executados. Por segurança e facilidade de manutenção é aconselhável a duplicidade dos sistemas.

Já a distribuição se dá de maneira similar, independentemente do tipo de abastecimento e armazenamento. As instalações são compostas por tubos e conexões de cobre e válvulas. Novamente, as instalações são similares; a diferença está nos cuidados necessários para manter todo o sistema.

Os pontos mais vulneráveis das instalações são válvulas, fluxômetros, manômetros, válvulas redutoras de pressão, registros de manobra, além dos equipamentos conectados ao sistema, onde se podem observar vazamentos, devendo ser inspecionados periodicamente, pois, no restante, se bem executadas as soldas, a probabilidade de problemas é bem reduzida. Esses vazamentos podem causar desde perdas financeiras (pois o valor desse insumo é relativamente alto), até danos ao tratamento do paciente.

O sistema conta também com centrais de alarme estrategicamente instaladas nas áreas de maior complexidade, como Unidades Intensivas e Centros Cirúrgicos. A vistoria periódica se aplica também a essas estruturas.

Deve ser evitado o uso de oxigênio como forma de substituir o ar comprimido em sistemas pneumáticos. Essa prática, além de ser extremamente perigosa, representa um alto custo para o hospital, pois utiliza um gás medicinal, para realizar uma função pneumática.

Caldeiras

Outro equipamento importante em algumas unidades de saúde são as caldeiras. Esses equipamentos são tratados pela NR 13, apresentada na seção anterior. Essa norma define alguns requisitos de segurança que precisam ser atendidos pelas equipes de manutenção. Esses equipamentos possuem a necessidade da constituição de prontuários que devem conter diversas informações vitais à sua manutenção, tais como:

    a) fabricante;
    b) número de ordem dado pelo fabricante da caldeira;
    c) ano de fabricação;
    d) pressão máxima de trabalho admissível;
    e) pressão de teste hidrostático;
    f) capacidade de produção de vapor;
    g) área de superfície de aquecimento;
    h) código de projeto e ano de edição.

O manual de operação de caldeiras é outro documento imposto pela NR 13, devendo informar como operar o equipamento em situações normais ou anormais, bem como o procedimento de parada e partida da caldeira. Esse documento tem de estar disponível aos operadores e ser escrito em português. Para atendimento das determinações de segurança das caldeiras é fundamental a participação da equipe de manutenção dos equipamentos em treinamentos.

Os operadores de caldeira devem receber treinamento específico para operação de caldeiras; esse treinamento tem de atender às determinações da NR 13.

CONSIDERAÇÕES GERAIS

A seguir, serão apresentadas algumas observações que se aplicam às diversas áreas de atuação da manutenção no ambiente Hospitalar, e devem ser lembradas pelos que prestam esse tipo de serviço em um EAS.

- Sempre que houver necessidade de intervir em ambientes em que haja a presença de paciente, verificar com a enfermagem do setor se existe alguma orientação de isolamento de contato ou respiratório, que exigirá do profissional o uso de EPI adequado.
- No caso de intervenção em leitos vagos, avisar sempre ao setor responsável pela higiene a necessidade de revisar a limpeza do ambiente, após a conclusão do serviço.
- Intervenções mais complexas da manutenção na presença de pacientes e acompanhantes, somente devem ocorrer em último caso, quando não houver disponibilidade de acomodá-los em outro local.
- Os sistemas de automação disponíveis no mercado são sempre uma boa opção para o monitoramento de diversos sistemas prediais. Além de gerar uma gama de informações úteis, permite o acompanhamento do desempenho dos equipamentos e instalações bem de perto.
- As coletas de água e ar destinadas a análises laboratoriais são consideradas manutenções preventivas e devem constar do Plano de Manutenção Preventiva.
- A certificação da mão de obra utilizada no serviço de manutenção é de vital importância. E dentre os cursos certificadores existentes, os ministrados pela ABRAMAN e SENAI são os mais conceituados.

CONCLUSÃO

A manutenção clássica deve ser prevista no projeto de construção de um novo EAS. Isso reduz tempo de manutenção, permitindo a otimização de equipes e serviços. A preocupação com a manutenabilidade é recente, de forma que a maioria dos EAS não contemplou a facilidade em seus projetos. Dessa forma, o tempo gasto para reparar, causando o menor impacto no objetivo fim do negócio, torna-se maior e exige também um planejamento aprimorado.

As atividades de manutenção envolvem diversos ramos da engenharia, tais como: a civil, a mecânica, a elétrica, a eletrônica, a de segurança do trabalho etc. Em todas essas faces da manutenção devem ser fiscalizados os aspectos de qualidade e de segurança dos serviços realizados. Devem ser fiscalizados o uso de EPIs, e procurar contratar pessoas qualificadas e/ou certificadas.

Erros cometidos nos serviços de manutenção podem se propagar até atingir ao cliente. Quando isso acontece pode ocasionar perda do cliente, óbitos, demanda judiciais, afetar a imagem da empresa etc. A gestão adequada da manutenção sobre seus mais diversos aspectos é uma forma de garantir a segurança e a qualidade dos serviços (finais) prestados pela instituição. Pode-se, de certa forma, dizer que a manutenção é a fiadora da segurança no trabalho e da qualidade dos serviços prestados por uma empresa.

REQUISITOS DE SEGURANÇA NO TRABALHO

Joacy Santos Junior

Resumo: apresentação de alguns tópicos de segurança pertinentes à atividade hospitalar e as atividades acessórias que visam garantir a operacionalidade dessas unidades. Os assuntos abordados foram norteados por referências normativas vigentes no Brasil, dentre elas, algumas referências normativas internacionais adotadas aqui. O suporte principal ao assunto segurança foram as normas do MTE.

Palavras-chaves: gestão de segurança no trabalho, requisito legal, normas técnicas complementares.

"Pessoas superficiais acreditam na sorte. Pessoas fortes e inteligentes acreditam em causa e efeito."

Ralph Waldo Emerson[1]

"Se você não pensar no futuro, não terá um."

Henry Ford

---

[1] Ralph (1803-1882) foi um famoso escritor, filósofo e poeta norte-americano.

OBJETIVO

Apresentar aos gestores envolvidos no gerenciamento de manutenção médico-hospitalar a legislação de segurança pertinente, assim como ferramentas de gerenciamento de risco.

Muitas das exigências regulamentares apontadas são comuns a todos os ramos de atividade, contudo será dado destaque especial aos tópicos focados para atender às demandas das unidades de saúde.

O gestor de unidades de saúde e o gestor da manutenção nem sempre são assessorados por um profissional do SESMT e, nessa situação, deve possuir conhecimentos básicos para tratar desse assunto com eficiência. Ou seja, evitar acidentes, manchar a imagem da empresa, sofrer penalidades legais, evitar a aplicação de multas etc.

O princípio da segurança no local de trabalho de saúde é garantir a segurança da instituição e dos profissionais que trabalham nessa instituição. Conforme citado por Tomaz *et al.*, a segurança é uma responsabilidade conjunta, pois a direção da instituição e sua equipe têm o dever de observar os vários aspectos da segurança para que o local de trabalho seja considerado seguro [121].

LEGISLAÇÃO

Uma tarefa fundamental para os gestores de unidades de saúde é definir quais são os requisitos legais que afetam suas atividades. Esse trabalho não deve se restringir apenas à atividade fim do negócio, ele deve ser estendido a todas as demais atividades que apoiam o negócio.

O gestor deve ter em mente que, para o atendimento das demandas de SMS nas unidades de saúde, não se deve restringir as determinações das NRs. São documentos complementares as normas da ANVISA, as NBRs da ABNT e demais legislações na esfera municipal, estadual e federal.

As determinações do MTE possuem caráter mandatário, sendo, portanto obrigação dos empregadores ou empresas adotá-las. Caso o empregador não respeite as recomendações de segurança do trabalho do MTE estará sujeito as penalidades previstas na lei.

A NR 03 [122] determina a interdição do estabelecimento, setor de serviço, máquina ou equipamento, ou embargar obra, conforme o caso. A NR 28 [123] determina o valor das multas pelo descumprimento das determinações de segurança do MTE e os prazos para o pagamento de multa, recurso e de novas vistorias. Ressalta-se que o valor da multa é aplicado conforme a gravidade do item e da quantidade de funcionários existentes na empresa. Durante a interdição, a empresa não pode demitir nenhum funcionário e deve manter todos os seus direitos salvaguardados.

Os profissionais que atuam na manutenção de EAS devem possuir clareza na percepção de que as unidades de manutenção devidamente mantidas (com manutenção adequada), fazem com que a manutenção seja a fiadora da segurança dos clientes internos (outros funcionários) e externos (usuários dos serviços de saúde). Assim como a manutenção também é fiadora da produção. Na responsabilidade pelo atendimento das determinações de segurança do trabalho **são solidárias as empresas contratantes e contratadas**. Essa informação encontra-se na NR 01 [124].

A organização responde pela má qualidade do produto ou serviço realizado por um prestador ou terceiros.

A negligência na aplicação das determinações de segurança por pessoal próprio ou a falta, ou deficiência, na fiscalização do terceiro não é admitida pela legislação. **Mesmo que o contratante indique no instrumento contratual que todas as responsabilidades trabalhistas estão por conta da contratada, a justiça não irá reconhecer essa cláusula, logo, não livrará o contratante de suas responsabilidades.**

Alguns pontos importantes para o gestor serão abordados com mais detalhes a seguir: normas ABNT, CIPA, e pagamento de adicionais de insalubridade e periculosidade.

ABNT

A utilização de normas da ABNT é uma forma de se obter referências confiáveis para atendimento de requisitos de segurança contidos nas NRs. A norma da ABNT a ser utilizada vai depender do assunto a ser tratado. A escolha da norma será determinada pela experiência do profissional que está atuando. É fundamental para o gestor hospitalar (seja manutenção, segurança do trabalho ou operação de equipamentos) identificar quais são os requisitos necessários para atendimento das demandas da instalação e dos equipamentos.

Especificamente, em relação à segurança dos equipamentos eletromédicos existe uma série de normas denominadas NBR IEC 60601. A adoção dessa série de normas é uma forma de assegurar segurança e confiabilidade dos equipamentos médicos.

CIPA

A Comissão Interna de Prevenção de Acidentes – CIPA é uma determinação da NR 05 [125]. O objetivo da CIPA é a prevenção de acidentes e doenças decorrentes do trabalho, em caráter preventivo e permanente na preservação da vida, e a promoção da saúde do trabalhador.

A constituição da CIPA é feita por estabelecimento que deve mantê-la em funcionamento nas empresas privadas, públicas, sociedades de economia mista, órgãos da administração direta e indireta, instituições beneficentes, associações recreativas, cooperativas, bem como outras instituições que admitam trabalhadores como empregados.

Caso as empresas possuam em um mesmo município dois ou mais estabelecimentos; ou empresas instaladas em centro comercial ou industrial é necessário que as CIPAs dos estabelecimentos sejam integradas com o objetivo de harmonizar as políticas de segurança e saúde no trabalho.

A composição da CIPA será feita por membros eleitos pelos trabalhadores e indicados pelo empregador. A quantidade será definida em função do Quadro I da NR 05 [125].

O mandato dos membros eleitos da CIPA terá a duração de um ano, sendo permitida uma reeleição, consecutiva. O membro eleito da CIPA não pode ser demitido sem justa causa, desde o registro de sua candidatura até um ano após o final de seu mandato. A transferência de membro da CIPA sem seu consentimento para outro estabelecimento é proibida.

Após a indicação dos membros da CIPA a empresa deverá protocolizar, em até dez dias, na unidade descentralizada do Ministério do Trabalho, cópias das atas de eleição e de posse e o calendário anual das reuniões ordinárias. Protocolizada a CIPA, ela não poderá ter seu número de representantes reduzido e não poderá ser desativada pelo empregador antes do término do mandato de seus membros, ainda que haja redução do número de empregados da empresa – exceto no caso de encerramento das atividades do estabelecimento.

A CIPA deve se reunir mensalmente atendendo a um calendário preestabelecido e realizar reuniões extraordinárias quando ocorrer pelo menos uma das seguintes condições:

a) houver denúncia de situação de risco grave e iminente que determine aplicação de medidas corretivas de emergência;

b) ocorrer acidente do trabalho grave ou fatal;

c) houver solicitação expressa de uma das representações (trabalhadores ou empregador).

Os membros e suplentes e designados da CIPA devem receber treinamento custeado pelo empregador para que sejam capazes de desenvolver as atividades definidas para a Comissão. Este treinamento será de 20 horas.

O processo eleitoral da CIPA deve ser iniciado 60 dias antes do final do mandato da Comissão vigente. O processo eleitoral será iniciado pela CIPA vigente com um prazo de 55 dias de antecedência e, quando não houver CIPA, a Comissão Eleitoral será constituída pela empresa.

Quando na empresa prestadora de serviço, será considerado estabelecimento, o local em que seus empregados estiverem exercendo suas atividades. Quando isso acontecer, a CIPA ou designado da empresa contratante e contratada devem estar integradas.

Insalubridade

A palavra "insalubre" vem do latim e significa tudo aquilo que origina doença, sendo que a insalubridade é a qualidade de insalubre. Já o conceito legal de insalubridade é dado pelo artigo 189 da CLT, nos seguintes termos:

"Serão consideradas atividades ou operações insalubres aquelas que, por sua natureza, condições ou métodos de trabalho, exponham os empregados a agentes nocivos à saúde, acima dos limites de tolerância fixados em razão da natureza e da intensidade do agente e do tempo de exposição aos seus efeitos".

Na NR 32 [126] não existe menção sobre adicional de insalubridade. Para determinar a necessidade do pagamento é necessário consultar a NR 15 [127]. Caso o agente que determina a insalubridade não esteja disponível é necessário consultar a referência internacional, no caso, a *ACGIH*. Contudo, mesmo que os limites encontrados na *ACGIH* sejam mais conservadores deve-se adotar a legislação nacional, no caso, a NR 15 [127].

O adicional de insalubridade é pago em faixas percentuais que tomam como base de cálculo o salário mínimo, conforme a tabela abaixo:

Tabela 8.1: Percentual de insalubridade	
Grau	Percentual salário mínimo (%)
Mínimo	10
Médio	20
Máximo	40

Por definição, da NR 15 [127] consideram-se atividades insalubres aquelas que se desenvolvem acima dos limites de tolerância previstos nos Anexos 1 (ruído), 2 (ruído de impacto), 3 (calor), 5 (radiação ionizante), 6 (trabalho sob condições hiperbáricas), 7 (radiação não ionizante – microondas, ultravioletas e laser), 8 (vibração), 9 (frio), 10 (umidade), 11 (agentes químicos), 12 (poeiras minerais), 13 (agentes químicos, exceto os dos Anexos 11 e 12) e 14 (Agentes biológicos).

O Anexo 14 determina a insalubridade por presença de risco biológico. A determinação do índice a ser pago aos trabalhadores vai ser baseada em avaliação qualitativa da atividade exercida.

Os profissionais responsáveis por realizar a avaliação de insalubridade são o Engenheiro de Segurança do Trabalho e o Médico do Trabalho. O direito do empregado ao adicional de insalubridade cessará com a eliminação do risco a sua saúde.

Periculosidade

São consideradas atividades ou operações perigosas, na forma da regulamentação aprovada pelo MTE, aqueles que, por sua natureza ou métodos de trabalho, impliquem o contato permanente com inflamáveis ou explosivos em condições de risco acentuado. O trabalho em condições de periculosidade assegura ao empregado um adicional de 30% sobre o salário bruto sem os acréscimos resultantes de gratificações, prêmios ou participações nos lucros da empresa.

Figura 8.1: Insalubridade
Fonte: Charge desenhada por Ricardo Moreira, ideia original do cartunista Jota.
Disponível em: <http://treinar2007.blogspot.com/>.

A periculosidade foi regulamentada pela NR 16 [128], por meio de dois anexos. O profissional de manutenção de um ambiente de saúde pode estar sujeito ao recebimento de adicional de periculosidade quando este trabalha com reservatórios de combustível de caldeiras ou outro equipamento, como um tanque de gerador diesel sob determinadas condições a serem analisadas por um profissional integrante do SESMT. Contudo, a NR 16 [128] não dispõe sobre a periculosidade dos trabalhadores expostos ao risco elétrico. Esse assunto é tratado separadamente, em legislação complementar, o Decreto 93.412 [129]. O recebimento do adicional de periculosidade vai ser determinado pelo decreto citado, observando-se o quadro de atividades/áreas de risco, existente no decreto. Nesse quadro estão descritos os locais e as atividades que vão determinar o recebimento por parte do trabalhador desse adicional.

A caracterização do risco ou da sua eliminação será determinada por perícia. A determinação da perícia é válida para atendimento da NR 16 [128] quanto para o Decreto 93.412 [129]. Segundo as normas do MTE, a perícia é responsabilidade do Engenheiro de Segurança do Trabalho ou Médico do Trabalho.

O direito do empregado ao adicional de periculosidade cessará com a eliminação do risco a sua saúde ou integridade física.

SEGURANÇA E SAÚDE DO TRABALHADOR

Tomaz e Oliveira mencionam que os profissionais de saúde sofrem acidente quase que com a mesma frequência que os trabalhadores da indústria, e seu risco de contrair doenças é cerca de 1,5 vez maior que o risco de todos os demais trabalhadores. Atualmente, existe uma pressão cada vez maior no intuito de realizar mais atividades em menos tempo e com menos ajuda. Isso contribui para o aumento dos riscos enfrentados pelos profissionais de saúde [121].

A NR 32 [126] determina a implantação de medidas de proteção que devem ser adotadas nos serviços de saúde. Destacam-se aqui as medidas que devem ser adotadas pelos profissionais responsáveis pela gestão de ambientes de saúde e de manutenção. Os profissionais (gestores e de manutenção) devem ser capazes de identificar a aplicação dessas medidas, pois em determinados serviços pode não haver o apoio de um profissional do SESMT.

Vacinação

Para que os profissionais que atuam em EAS exerçam suas atividades com segurança, eles devem estar protegidos contra os riscos biológicos identificados no seu local de trabalho. Um dos meios de satisfazer essa condição é a vacinação. A vacinação dos trabalhadores deve seguir a programação estabelecida pelo PCMSO, sendo adicionado a este a imunização ativa contra tétano, difteria e hepatite B. Caso seja verificado que os trabalhadores podem ser expostos a algum agente biológico que possua vacinas eficazes, é obrigação do empregador fornecer essas e outras vacinas gratuitamente. Após a aplicação das vacinas o empregador deve controlar a eficácia do plano de vacinação adotado, sempre que for recomendado pelo Ministério da Saúde, e, sendo necessário, deve-se providenciar o reforço.

O empregador na fase de implantação do programa de vacinação deve esclarecer os empregados sobre as vantagens e efeitos colaterais, assim como dos riscos a que estarão expostos por falta ou recusa de vacinação. Quando ocorre a falta ou recusa por parte de um trabalhador em participar do programa de vacinação, o empregador deve arquivar o documento comprobatório do fato e mantê-lo disponível à inspeção do MTE. O registro da documentação comprobatória da aplicação do programa de vacinação deve ser feito no prontuário clínico, individual do trabalhador, previsto na NR 07 [130], bem como deve ser fornecido ao trabalhador comprovante das vacinas recebidas.

Assim, de acordo com o que dispõe a NR 32 e a Portaria do Ministério da Saúde 597, de 08/04/2004, devem ser fornecidas as seguintes vacinas aos trabalhadores nos serviços de saúde: Febre Amarela, Febre Tifóide, Hepatite A, Hepatite B, Influenza, Pneumocócica, Tétano e Difteria, Tríplice Viral e Varicela.

Medidas profiláticas

Os trabalhadores dos serviços de saúde com feridas ou lesões nos membros superiores só podem iniciar suas atividades após avaliação médica obrigatória com emissão de documento de liberação para o trabalho.

O empregador, ou, no caso, seu preposto deve informar a seus trabalhadores que eles não podem:

a) utilizar pias de trabalho para fins diversos dos previstos;

b) fumar, usar adornos e manusear lentes de contato nos postos de trabalho;

c) consumir alimentos e bebidas nos postos de trabalho;

d) guardar alimentos em locais não destinados para este fim;

e) utilizar calçados abertos.

Os recipientes coletores de lixo devem ser bem identificados, e os funcionários devem ser informados dos riscos de contato ou manuseio (coletores para material perfurocortante, quimioterápicos, resíduos tóxicos etc.). Na figura abaixo, temos a imagem de dois coletores:

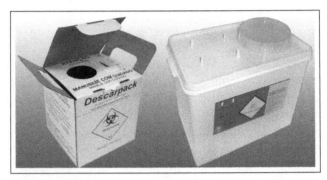

Figura 8.2: Coletor para perfurocortantes em papelão (à esquerda) e para resíduos quimioterápicos (direita)

Fonte: Catálogo Descarpack. Disponível em: <http://www.descarpack.com.br/>.
Acesso em: 30 de setembro de 2009.

Caso os mantenedores tenham possibilidade de exposição a agente biológico, deve ser disponibilizado lavatório exclusivo para higiene das mãos, provido de água corrente, sabonete líquido, toalha descartável e lixeira provida de sistema de abertura sem contato manual. A utilização de luvas (EPI) não substitui o processo de lavagem das mãos, que deve ser feito antes da colocação das luvas.

Ferramentas de trabalho

O empregador deve garantir que os instrumentos de trabalho utilizados em ambientes hospitalares atendam duas condições básicas:

a) garantir a conservação e a higienização dos materiais e instrumentos de trabalho;

b) providenciar recipientes e meios de transporte adequados para materiais infectantes, fluidos e tecidos orgânicos.

Os serviços de manutenção devem adotar rotinas de trabalho que preservem as condições acima citadas. Dessa forma, o mantenedor (empresa terceirizada ou pessoal próprio da unidade de saúde) deve ser treinado (e/ou certificado) para reduzir o impacto de sua atividade no ambiente de um EAS. A capacitação desses trabalhadores consiste em fornecer elementos que permitam o reconhecimento de equipamentos e situações em que deva ser garantida essa condição (palestras com a CCIH, Engenharia Clínica, procedimentos para limpeza e armazenagem de ferramentas, **descontaminação de equipamentos antes da manutenção** etc.).

Treinamento

O treinamento dos profissionais de manutenção e assistência técnica que atuam em ambientes de saúde deve atender às NRs do MTE. Por exemplo, profissionais expostos ao risco elétrico devem receber treinamento específico de NR 10 [112] [131]; aqueles que, em função de sua atividade, atuam em espaços confinados devem atender à NR 33 [132]; à NR 06 [133] na utilização, guarda e conservação de EPIs. Essa determinação é reforçada na NR 18 [134]. E, destacando o treinamento para atendimento da NR 32 [126], o empregador deve assegurar a capacitação dos trabalhadores antes de iniciar os serviços. Esse treinamento deve atender basicamente ao disposto a seguir:

a) sempre que ocorra uma mudança das condições de exposição dos trabalhadores aos agentes biológicos;

b) ser realizado no período da jornada de trabalho;

c) ministrado por profissionais de saúde familiarizados com os riscos inerentes aos agentes biológicos.

A capacitação deve evoluir com o ganho de conhecimento, o aparecimento de novos riscos biológicos, e deve incluir:

a) as informações disponíveis sobre riscos potenciais para a saúde;

b) as medidas de controle que minimizem a exposição aos agentes;

c) as normas e procedimentos de higiene;

d) utilização de equipamentos de proteção coletiva, individual e vestimentas de trabalho;

e) medidas para prevenção de acidentes e incidentes;

f) medidas a serem adotadas pelos trabalhadores, caso ocorra incidentes e/ou acidentes.

A capacitação fornecida ao trabalhador deve ser comprovada por documento que informe a data, o horário, a carga horária, o conteúdo ministrado, o nome e a formação ou capacitação profissional do instrutor e dos trabalhadores envolvidos.

As empresas que prestam serviços de manutenção e aquelas que prestam serviços de assistência técnica em ambientes de saúde possuem requisitos específicos para o treinamento de seu pessoal:

a) higiene pessoal;

b) riscos biológico, físico e químico;

c) sinalização;

d) rotulagem preventiva;

e) tipos de EPC e EPI, acessibilidade e seu uso correto.

Além do treinamento oferecido aos trabalhadores em todo local onde exista a possibilidade de exposição a agentes biológicos, devem ser fornecidas aos trabalhadores instruções escritas, em linguagem acessível, das rotinas realizadas no local de trabalho e medidas de prevenção de acidentes e de doenças relacionadas ao trabalho. Toda instrução entregue ao trabalhador deve ser comprovada, mediante recibo, que deve estar à disposição da fiscalização.

A NR 32 [126] também determina que seja aplicado treinamento aos trabalhadores para o manuseio e trato adequado dos resíduos gerados em ambientes de saúde. Que será tratado no item sobre "resíduos".

Os treinamentos obrigatórios determinados pelo MTE não se restringe apenas as determinações da NR 10 [112]. Outras NRs também determinam a obrigatoriedade de treinamentos para garantir a segurança dos trabalhadores. Por exemplo, os profissionais expostos a risco elétrico devem receber treinamento de Segurança em Instalações e Serviços com Eletricidade, que, dependendo do risco da instalação, pode ser o treinamento básico, complementar e/ou de segurança em áreas classificadas, observando-se o risco envolvido. Todos esses treinamentos determinados pela NR 10 [112] devem ser reciclados a cada período de dois anos, ou quando da mudança de função, ou afastamento do trabalho por período maior que 90 dias, ou modificações significativas no processo produtivo.

Os possíveis locais que determinam a classificação de área em ambientes de saúde são as unidades que possuem caldeiras, sistemas de abastecimento e estocagem de gases (combustíveis). Os operadores de caldeiras devem possuir treinamento para operação de caldeiras conforme determinação da NR 13 [120].

Os trabalhadores que não atuam diretamente em instalações elétricas e exercem suas atividades nas vizinhanças da zona livre, conforme as determinações da NR 10 [112], devem ser advertidos formalmente sobre o risco elétrico e como evitá-lo. As distâncias determinadas pelo Anexo I da NR 10 são baseadas na tensão nominal das instalações elétricas existentes.

Deve-se prover treinamento para o transporte manual e levantamento de cargas pesadas, ou instruções satisfatórias quanto aos métodos de trabalho que deverá ser utilizado, com vistas a salvaguardar sua saúde e prevenir acidentes.

A NR 18 [134], comumente, e erroneamente chamada de "A NR da construção civil", também deve ser observada pelo gestor da manutenção em relação à determinação de treinamentos para sua mão de obra. A NR 18, na realidade é a NR de "condições e meio ambiente de trabalho na indústria da construção", contudo a atividade de manutenção e prestação de assistência técnica, mesmo que em ambientes de saúde deve atendê-la. Essa norma possui determinações de segurança que são úteis e fundamentais para as tarefas desempenhadas pelos profissionais nesses ambientes. A seguir, são destacadas algumas determinações de segurança da NR 18 aplicáveis aos trabalhos em hospitais e outras unidades:

> **Utilização de escada:** a altura máxima da escada de mão é de 7,00 m de extensão e o espaçamento entre os degraus deve ser uniforme, variando entre 0,25 m a 0,30 m.
>
> **Utilização de cinto de segurança:** o cinto de segurança abdominal somente deve ser utilizado em serviços de eletricidade e em situações em que

funcione como limitador de movimentação. O cinto de segurança tipo paraquedista deve ser utilizado em atividades a mais de 2,00 m (dois metros) de altura do piso, nas quais haja risco de queda do trabalhador.

Ordem e Limpeza: o entulho e as sobras de materiais devem ser regularmente coletados e removidos. Por ocasião de sua remoção, devem ser tomados cuidados especiais, de forma a evitar poeira excessiva e eventuais riscos.

A lista pode ficar extensa, o objetivo não é listar todas as medidas pertinentes de segurança para ambientes de saúde contidas na NR 18 [134]. O objetivo é conscientizar o gestor da manutenção que as medidas de segurança a serem implantadas devem ser definidas em função do risco da atividade, e não pela atividade. Por exemplo, a pintura de uma parede, quando o trabalhador está junto ao piso, é uma situação completamente diferente quando a mesma tarefa é realizada a 15 m, ou 20 m de altura.

A função do treinamento é proteger o trabalhador dos riscos, pois, considera-se que o trabalhador treinado possui condições para identificar e adotar medidas para reduzir ou eliminar o risco. O treinamento devidamente registrado, ministrado por profissional habilitado é item determinante para que em caso de acidente do trabalho a empresa comprove que informou o trabalhador do risco e adotou medidas para mitigá-lo ou eliminá-lo.

O serviço de manutenção e as diversas áreas impactadas por sua atuação devem possuir um canal de comunicação eficiente para que a atividade fim da unidade de saúde não saia prejudicada.

REDUÇÃO DE RISCOS

A identificação dos riscos, as medidas para redução ou eliminação de seus efeitos são determinadas pela NR 09 [135], ou seja, a elaboração do PPRA. O gestor da manutenção, de posse desse documento, será informado de forma quantitativa e qualitativa dos riscos.

Para exercer o monitoramento dos efeitos das medidas de segurança adotadas no PPRA é elaborado outro documento de segurança, esse determinado pela NR 07 [130], chamado PCMSO. Esse documento deve ser elaborado por um médico do trabalho.

Risco de acidentes

Segundo o Anexo IV da NR 05 [125], são considerados agentes de acidentes todas as condições de construção, instalação e funcionamento de uma empresa, assim como todas as máquinas, equipamentos, ferramentas e outros materiais de uso, além de todas as irregularidades que favoreçam a ocorrência de danos à saúde do trabalhador.

Risco biológico

Os agentes biológicos podem ser definidos como todos os microorganismos que, quando em contato com o homem, causam alguma espécie de dano à saúde. As vias de contaminação desses agentes no corpo humano são a cutânea, digestiva, respiratória, além das mucosas da região bucal e nasal.

O contato com fluido corporal é um risco biológico muito encontrado no ambiente hospitalar. A contaminação por meio de secreções e eliminações é considerada risco biológico para o trabalhador.

As medidas de controle de riscos biológicos que as equipes de manutenção e assistência técnica devem adotar em um ambiente de saúde são:

- Não utilizar pias de trabalho para fins diversos dos previstos.
- Não fumar, não usar de adornos e não manusear lentes de contato nos postos de trabalho.

    Observação: a NR 32 [126] determina que não é permitido manusear lentes de contato em ambiente hospitalar. A utilização de lentes de contato por trabalhadores que têm risco de serem expostos a radiação ultravioleta (solda e arco-elétrico devido a curto circuito) é proibida, pois pode ocorrer a colagem da lente a córnea em virtude do calor gerado pelo arco elétrico, que seca o líquido que as separa. Quando o usuário retira a lente, junto com ela vem a córnea do indivíduo, ocasionando cegueira permanente.
- Não consumir alimentos e bebidas nos postos de trabalho.
- Não guardar alimentos inadequados.
- Não utilizar calçados abertos.
- Utilizar vestimenta de trabalho adequada, confortável, fornecida por conta do empregador a todos os trabalhadores com possibilidade de exposição a agentes biológicos.

Risco químico

Os produtos químicos podem reagir de forma violenta com outra substância química, inclusive com o oxigênio do ar ou com a água, produzindo fenômenos físicos tais como calor, combustão ou explosão, ou então produzindo uma substância tóxica.

Os agentes químicos encontrados no ambiente laboral podem, quando em contato com o organismo, exercer duas formas de ação:

a) Ação localizada: na qual os agentes atuam somente na região do contato.
b) Ação generalizada: após o contato, os agentes são absorvidos e distribuídos para diferentes órgãos e tecidos.

Com relação às vias de absorção, estas podem ser três: respiratória: principal (via de absorção de tóxicos); cutânea (por meio de contato com a pele); digestiva (apenas de maneira acidental).

O gestor de manutenção vai identificar os riscos químicos no PPRA no inventário de produtos químicos. O PCMSO também deve determinar exames que possam avaliar a saúde dos trabalhadores de forma a verificar a eficácia das medidas de segurança adotas para eliminar ou mitigar os riscos químicos. Os produtos químicos encontrados na instalação devem ter seus rótulos preservados (rótulo do fabricante). Caso esse produto seja fracionado, deve ser identificado de forma legível, apresentando: nome do produto, composição química, sua concentração, data de envase e de validade, e nome do responsável pela manipulação ou fracionamento.

Os trabalhadores de manutenção ou assistência técnica devem conhecer o risco do contato com esses produtos. E o contrário também é verdadeiro: os profissionais de saúde devem ter condição de identificar o risco dos produtos utilizados pela manutenção. O gestor da manutenção deve coibir que sua equipe reutilize as embalagens de produtos químicos.

Figura 8.3: Símbolos de risco[2] utilizados em rótulos ou informações de produtos químicos
Fonte: NBR 7500 da ABNT.

Risco ergonômico

A ergonomia estuda a adaptação do trabalho ao homem, buscando preservar seu bem-estar físico e mental. Os agentes ergonômicos podem provocar distúrbios psicológicos e fisiológicos no trabalhador. Os danos ocasionados podem prejudicar, além de sua produtividade, a sua segurança.

Risco físico

De acordo com a NR 09 [135], cujo objetivo de discussão é o Programa de Prevenção de Riscos Ambientais, agentes físicos são as várias formas de energia, as quais o trabalhador pode estar exposto, tais como ruído, vibração, temperaturas extremas, pressões anormais, radiações ionizantes e radiações não ionizantes.

Radiação

As radiações ionizantes também representam um risco ao trabalhador, pois possuem energia suficiente para ionizar átomos e moléculas, danificando células do organismo humano ou afetando seu material genético (DNA), gerando, em consequência, doenças graves, como o câncer, ou levando à morte. Por isso, há a preocupação com os serviços de medicina nuclear, radioterapia, entre outros [136].

---

[2] Os **símbolos de risco** são pictogramas representadas em forma quadrada, impressos em preto e fundo laranja-amarelo. Os símbolos de segurança estão de acordo com as normas da União Europeia, no anexo II das diretivas 67/548/EWG. No Brasil, correspondem a norma NBR 7500 da ABNT. Segundo elas, os símbolos e indicações de perigo que devem ser utilizados são: **corrosivo** (o símbolo de um ácido ativo - C), **explosivo** (uma bomba detonante - E), **comburente** (uma chama acima de um círculo - O), **facilmente inflamável** (uma chama F), **tóxico** (a representação de uma caveira sobre tíbias cruzadas - T), e, **nocivo** (uma cruz de Santo André - Xn), **irritante** (uma cruz de Santo André - Xi).

O EAS para realizar qualquer atividade envolvendo fontes de radiação ionizante deve atender a requisitos administrativos e às disposições legais da CNEN. As determinações de segurança impostas pelo MTE, primeiramente na NR 15 [127], remetem às normas impostas pela CNEN. A empresa deve dispor de um Plano de Proteção Radiológica que deve ser submetido à CNEN para aprovação de acordo com a norma CNEN-NN-3.01 [137] e atender a outras normas, como por exemplo a CNEN-NN-3.05 [138]

A exposição a esse tipo de material pode ocorrer para os trabalhadores que desenvolvem atividade de assistência técnica dos equipamentos ou para aqueles que executam manutenção nos locais de instalação desses equipamentos. A postura do gestor de manutenção em considerar que, o homem de manutenção sob sua responsabilidade, por ser profissional, não corre o risco de sofrer os efeitos da radiação é equivocada. Relembrando o episódio de Goiânia, em que um grupo de catadores de lixo encontrou uma fonte de césio 137 e a levou para um ferro-velho, onde a desmontaram, levando ao maior acidente radiológico em área urbana [139]. Essas pessoas não conheciam o risco, e o equipamento que gerou o fato não foi devidamente descartado.

É de extrema importância que o profissional de manutenção conheça o plano de proteção radiológica, as normas e, caso seja necessário, que ele cobre, a quem de direito, a execução das medidas determinadas pelo CNEN.

Responsabilidades

A determinação de responsabilidade pela aplicação das normas recai sobre quaisquer pessoas físicas ou jurídicas para as quais o titular[3] ou empregador tenha formalmente delegado responsabilidades específicas. As responsabilidades básicas dos titulares e empregadores são:

  a) implantar, implementar e documentar um sistema de proteção radiológica, em consonância com a natureza e extensão dos riscos associados com as práticas e intervenções sob sua responsabilidade, conforme as normas aplicáveis, estabelecidas pela CNEN;

  b) determinar as medidas e os recursos necessários para garantir o cumprimento das diretrizes de proteção radiológica, assegurar que os recursos sejam fornecidos e que as medidas sejam implementadas corretamente;

  c) rever, continuamente, tais medidas e recursos, identificar quaisquer falhas e deficiências na sua aplicação, corrigi-las e evitar suas repetições, bem como verificar regularmente se os objetivos de proteção radiológica estão sendo alcançados;

  d) estabelecer mecanismos para facilitar a troca de informação e cooperação entre todas as partes interessadas com relação à proteção radiológica, incluindo a segurança das fontes;

---

[3] Titular – responsável legal pela instituição, estabelecimento ou instalação para a qual foi outorgada, pela CNEN, uma licença, autorização ou qualquer outro ato administrativo de natureza semelhante.

e) manter os registros apropriados relativos ao cumprimento de suas responsabilidades;

f) tomar as ações necessárias para assegurar que os IOE estejam cientes de que sua segurança é parte integrante de um programa de proteção radiológica, no qual os IOE possuem obrigações e responsabilidades tanto pela sua própria proteção como pela de terceiros.

Transporte de material radioativo

O supervisor de radioproteção é o responsável por aprovar os procedimentos escritos para o uso, manuseio, acondicionamento, transporte, e estabelecer por escrito armazenamento de fontes de radiação, em conformidade com as normas da CNEN. A norma CNEN-NN-3.02 [140] considera o transporte de rejeitos, como transporte de fontes radioativas.

Segurança em serviços de medicina nuclear

O estabelecimento de saúde que possuir serviço de medicina nuclear deve atender aos requisitos de pessoal estabelecidos na norma CNEN-NN-3.05 [138], que determina, no mínimo:

- 01 médico qualificado em Medicina Nuclear responsável pelo SMN;
- 01 supervisor de radioproteção com qualificação certificada pela CNEN;
- 01 ou mais técnicos de nível superior e/ou médio qualificados para o exercício de suas funções específicas;

A preparação desses técnicos deve atender à norma CNEN-NE-3.02 [140] e com qualificação certificada pela CNEN.

A CNEN permite que o médico qualificado em Medicina Nuclear acumule as funções de supervisor de radioproteção, desde que compatibilizadas as respectivas cargas horárias.

Os equipamentos mínimos para a existência de um serviço de medicina nuclear são:

a) Monitor de Taxa de Exposição;

b) Monitor de Contaminação de Superfície;

c) Medidor de Atividade (Curiômetro[4]);

d) Equipamentos e materiais de proteção individual (luvas, aventais, pinças etc...);

e) Fontes padrões de referência de Co^{57} e Ba^{133}.

Os monitores devem ser calibrados a cada dois anos, de acordo com a norma, por laboratório credenciado pela CNEN e sempre que sofrerem reparos.

---

[4] *Curiômetro* – instrumento destinado a medir atividade de radionuclídeos utilizados em Medicina Nuclear.

As áreas restritas do serviço de medicina nuclear, o local para armazenamento de rejeitos radioativos, o laboratório de manipulação e armazenamento de fontes em uso e quarto destinado à internação de paciente são locais que devem ser construídos em conformidade com as determinações da norma CNEN-NN-3.05 [138]. Os serviços de manutenção devem conhecer essas condições para que possam assegurar a sua correta preservação e manutenção.

Rejeitos radioativos

Os *rejeitos radioativos* gerados devem ser segregados e, de acordo com a natureza física do material e do radionuclídeo presente, colocados em recipientes adequados, etiquetados, datados e mantidos no local da instalação destinado ao armazenamento provisório de rejeitos radioativos para futura liberação, em conformidade com a norma CNEN-NE-6.05 [141].

A excreta dos pacientes internados com doses terapêuticas poderá ser lançada na rede de esgoto sanitário, desde que obedecidos os princípios básicos de radioproteção estabelecidos na Norma CNEN-NE-3.01 [137].

As instalações que não estejam conectadas à rede de esgoto sanitário deverão submeter à avaliação da CNEN o sistema de eliminação de excretas a ser empregado.

Gases medicinais

Um item de segurança muito importante em qualquer atividade é referente a movimentação, transporte, armazenamento, manuseio e utilização dos gases e a manutenção desses equipamentos [126]. As determinações de segurança para esses equipamentos são encontradas nas NRs (do MTE), nas normas da ABNT e nas recomendações do fabricante, contudo, é essencial se verificar se as recomendações do fabricante atendem aos requisitos normativos.

Os gases em um EAS podem ser armazenados na forma gasosa (em cilindros) ou na forma líquida (tanque criogênico). Existem ainda as centrais de ar comprimido e vácuo (utilizado para aspiração de secreções etc.).

As centrais de suprimento de Ar Comprimido Medicinal devem respeitar os padrões definidos na norma NBR 12.188 [142].

As equipes que trabalham com gases devem ser treinadas para evitar acidentes, assim como funcionários de setores onde os gases são consumidos. Os principais riscos envolvem asfixia, intoxicação e combustão.

O efeito tonificante produzido pela inalação de oxigênio gasoso, deu origem à muitas aplicações terapêuticas. Sua inalação à pressão atmosférica durante poucas horas, não produz efeitos prejudiciais, no entanto, deve-se evitar a administração ininterrupta de altas concentrações por um período maior que 5 horas (sendo os sinais mais precoces de intoxicação por oxigênio o desconforto retroesternal, parestesias de extremidades, náuseas, vômitos e astenia). Cuidados a serem tomados com oxigênio: evitar contatos com óleos e graxas, materiais oriundos de petróleo, e possíveis fontes de ignição; em hospitais, utilizar somente materiais apropriados para aplicação medicinal. Exemplificando: mangueiras, luvas, vaselina, tintas etc.

Observar todas as precauções de segurança que são necessárias para manuseio e armazenamento de qualquer gás comprimido não inflamável.

O óxido nitroso, se inalado em altas concentrações, durante poucos segundos, afeta o sistema nervoso central com sintomatologia similar à da intoxicação alcoólica. Sua denominação *"gás hilariante"* se deve ao fato de que muitas pessoas ficam alegres e sorridentes quando estão sob seus efeitos. Sua inalação contínua, sem administração de oxigênio, pode produzir asfixia. No entanto, como é corrosivo, dadas as suas propriedades oxidantes, devem ser tomadas certas precauções com os equipamentos, preparados para serviço, assegurando-se que se encontrem livres de graxa, óleo e outros materiais facilmente combustíveis, como também de qualquer material oriundo de petróleo.

Gases armazenados de forma líquida em tanques criogênicos

Os gases medicinais fornecidos devem ser armazenados nos tanques criogênicos ou cilindros transportáveis (quando aplicável), segundo a Resolução RDC 50 [1].

A central de suprimento com misturador deve ser formada pelos tanques criogênicos de oxigênio medicinal e de nitrogênio nedicinal e pelo misturador de ar medicinal, devendo estar equipada com analisadores de oxigênio, que garantam a máxima segurança da composição da mistura, para produzir o ar medicinal com os limites máximos poluentes toleráveis.

As instalações de suprimento por tanques criogênicos devem respeitar os padrões definidos na norma NBR 12.188 [142], da ABNT, sendo compostas de uma unidade de suprimento primário, o tanque, e uma unidade de suprimento reserva, central de cilindros.

O contato da pele com gases no estado líquido, tubulações ou recipientes não isolados que os contenham, pode causar sérias queimaduras. Tubulações não isoladas, que conduzem esses líquidos, também podem causar queimaduras em virtude das baixas temperaturas. Por exemplo: oxigênio (–186 °C), nitrogênio (–196 °C), argônio (–183 °C), hélio (–269 °C).

Cilindros acondiconadores de gases

Os gases medicinais não liquefeitos devem ser armazenados em cilindros os quais deverão seguir fielmente as especificações da NBR 12176 [143] quanto às suas etiquetas, sua rotulagem e suas cores. As respectivas cores dos cilindros de gases segundo a classificação do sistema Munsell, são caracterizadas por um espaço tridimensional constituído por cor, saturação e brilho. Devem ser tomadas precauções em relação aos efeitos da iluminação na visão das cores dos cilindros [144]. São utilizadas as seguintes cores padronizadas para os cilindros e equipamentos:

A etiqueta de colarinho deve estar colocada na parte superior do cilindro identificando: o nome do produto, as precauções, e a classificação ONU do gás acondicionado, conforme a Resolução 420/04 da ANTT [145]. O rótulo de corpo do cilindro deve descrever as principais características do gás nele armazenado, os procedimentos de emergência e o potencial de risco.

Tabela 8.2: Gases medicinais liquefeitos, com símbolo químico, grau de pureza mínimo e código de cor			
Oxigênio	O_2	99,5%	Cor Verde (10GY)
Óxido Nitroso	N_2O	98,0%	Cor Azul (5PB 2/6)
Ar Comprimido	$N_2 O_2$	99,5%	Cor Verde e Cinza Claro (N7 e 10GY)
Hélio	He	99,0%	Cor Alaranjado (2,5YR 5/14)
Gás Carbônico	CO_2	99,5%	Cor Alumínio
Nitrogênio	N_2	99,5%	Cor Cinza

Ao instalar um regulador à válvula de saída do ponto de conexão (cilindro ou posto aparente), nunca fique e nem deixe ninguém a frente do manômetro ao abrir a válvula do cilindro. Ao abrir a válvula, faça-o lentamente até que o manômetro de alta pressão do regulador indique o valor da pressão dentro do cilindro. Caso o valor indicado no manômetro for muito menor que a pressão de trabalho gravado no cilindro ou em etiqueta colada, e o cilindro ainda não tiver sido usado, pode haver defeito no manômetro ou existir algum vazamento na válvula ou o conector. Certifique-se que toda a tubulação por onde irá passar o gás está bem conectada. Para regulagem do fluxo de gás desejado, gire o parafuso de regulagem do regulador no sentido horário, observando o manômetro de baixa pressão.

Os cilindros devem estar amarrados, para evitar que caiam. Os cilindros cheios devem estar separados dos vazios, estando sinalizada a sua condição. Os cilindros devem ser transportados preferencialmente na vertical, com a válvula protegida. Válvulas com problemas devem ser reparadas pelo fornecedor. O contato do cilindro com fios energizados pode acarretar acidentes.

O transporte dos Gases Medicinais deve ser feito em veículos apropriados para transporte de cargas perigosas, seguindo a regulamentação vigente [146] [145].

Mapa de risco

O mapa de risco é uma metodologia descritiva e qualitativa de investigação territorial de riscos, difundida no Brasil no início da década de 1980, mas a Portaria nº 25 de 29/12/1994, do MTE consolidou esse novo sistema na Legislação Trabalhista Brasileira. Ela foi desenvolvida para o estudo das condições de trabalho e incorpora, em sua origem, a dimensão política de ação do trabalhador na defesa de seus direitos, sendo embasada no Modelo Operário Italiano.

O resultado da análise de risco à saúde é representado graficamente em cada um dos diversos locais de trabalho de uma empresa ou instituição. Os diagramas devem ser fixados nas paredes dos postos de trabalho para conhecimento dos trabalhadores envolvidos. Os objetivos são o controle e a informação dos trabalhadores sobre os riscos aos quais ficam expostos durante o expediente de trabalho, por meio da visualização do mapa de riscos implantado no setor em que trabalham [147].

A representação gráfica dos riscos ambientais em mapas dos setores deve ser clara, para permitir a rápida identificação de cada risco existente no posto de trabalho. Devem-se usar círculos coloridos tendo cada tipo de risco tamanho e cores diferentes, conforme a graduação de risco do local.

Na Figura 8.4, pode-se observar um exemplo de mapa de risco.

RESÍDUOS

Em ambientes de serviços de saúde os resíduos são uma fonte muito importante de risco. A NR 32 [126] determina que os trabalhadores recebam treinamento no manuseio do resíduo, treinamento este que deve ser continuado, abordando os assuntos:

a) segregação, acondicionamento e de risco dos resíduos;
b) sistema de gerenciamento adotado internamente no estabelecimento;
c) formas de reduzir a geração de resíduos;

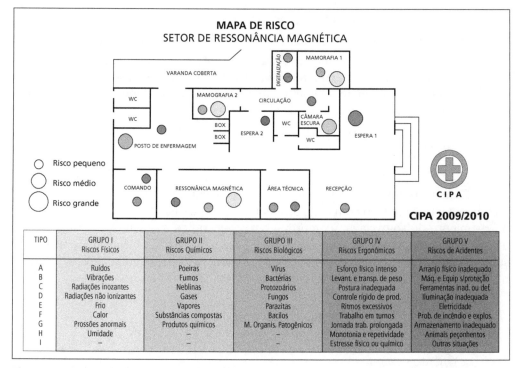

Figura 8.4: Exemplo de mapa de risco

Fonte: Arquivo dos autores.

d) conhecimento das responsabilidades e de tarefas;
e) reconhecimento dos símbolos de identificação das classes de resíduos;
f) conhecimento sobre a utilização dos veículos de coleta;
g) orientações quanto ao uso EPIs.

As atividades de manutenção e assistência técnica podem gerar resíduos que podem afetar a segurança dos pacientes e outros trabalhadores (de saúde, conservação, vigilância). O que determina que o gestor da manutenção aplique treinamento a sua equipe e a de empresas contratadas.

Caso os resíduos gerados sejam de saúde, devem ser acondicionados em sacos plásticos [148], da seguinte forma:

a) preenchidos até 2/3 de sua capacidade;
b) fechados de tal forma que não se permita o seu derramamento, mesmo que virados com a abertura para baixo;
c) retirados imediatamente do local de geração após o preenchimento e fechamento;
d) mantidos íntegros até o tratamento ou a disposição final do resíduo;
e) segregação dos resíduos deve ser realizada no local onde são gerados [126] considerando que:
   - sejam utilizados recipientes que atendam as normas da ABNT, em número suficiente para o armazenamento;
   - os recipientes estejam localizados próximos da fonte geradora;
   - os recipientes sejam constituídos de material lavável, resistente à punctura, ruptura e vazamento, com tampa provida de sistema de abertura sem contato manual, com cantos arredondados e que sejam resistentes ao tombamento;
   - os recipientes sejam identificados e sinalizados segundo as normas da ABNT.

O transporte manual do recipiente de segregação deve ser realizado de forma que não exista o contato com o corpo e com o solo (arrastar). Quando o transporte do recipiente de segregação comprometer a segurança e a saúde do trabalhador, devem ser adotadas medidas de segurança para garantir sua integridade física. As salas de armazenamento temporário dos recipientes de transporte devem atender, no mínimo, às seguintes características:

I- ser dotadas de:
   a) pisos e paredes laváveis;
   b) ralo sifonado;
   c) ponto de água;
   d) ponto de luz;
   e) ventilação adequada;
   f) abertura dimensionada de forma a permitir a entrada dos recipientes de transporte.

II- ser mantidas limpas e com controle de vetores;

III- conter somente os recipientes de coleta, armazenamento ou transporte;

IV- ser utilizadas apenas para os fins a que se destinam;

V- estar devidamente sinalizadas e identificadas.

O transporte dos resíduos para a área de armazenamento externo deve atender aos seguintes requisitos:

a) ser feito por meio de carros constituídos de material rígido, lavável, impermeável, provido de tampo articulado ao próprio corpo do equipamento e cantos arredondados;

b) ser realizado em sentido único com roteiro definido em horários não coincidentes com a distribuição de roupas, alimentos e medicamentos, períodos de visita ou de maior fluxo de pessoas.

Quando o transporte de resíduo for superior a 400 litros de capacidade, deve possuir válvula de dreno no fundo. Os resíduos devem ser levados a local apropriado para o armazenamento externo dos resíduos, onde vão aguardar a coleta.

Os rejeitos radioativos provenientes de ambientes de saúde é resultado do tratamento e diagnóstico de doenças. Esses rejeitos devem ser tratados conforme disposto na Resolução CNEN NE-6.05 [141], conforme citado anteriormente.

O mantenedor ou o trabalhador da assistência técnica pode ter contato direto ou indireto com o resíduo hospitalar o que pode lhe ocasionar graves riscos a saúde, por isso é fundamental informá-lo sobre a forma correta de lidar com esse tipo de resíduo. O trabalhador também deve saber que o resíduo que ele gerar de sua atividade não pode ser misturado ao lixo hospitalar, pois quando isso acontecer, todo o rejeito gerado irá receber o mesmo tratamento do lixo hospitalar (o custo do tratamento do lixo hospitalar é muito alto para o EAS e o meio ambiente).

SINALIZAÇÃO DE SEGURANÇA

A sinalização de segurança é fundamental para garantir um ambiente de trabalho com risco mínimo de acidentes básicos. O objetivo é chamar a atenção das pessoas, de forma rápida e inequívoca, para as situações que, nos espaços onde elas se encontram, apresentem riscos para a sua segurança. A sinalização de segurança, quando da identificação dos riscos presentes em uma instalação, é determinada em diversas NRs, a partir da NR 01 [124], passando pela NR 26 [149] que especifica sobre o assunto.

Em complemento aos critérios de sinalização existem referências também na ABNT, como as apresentadas a seguir:

NBR 6493 [150] – Emprego de cores para identificação de tubulações – Essa norma é impactante na segurança dos trabalhadores e na operação da unidade de saúde. No caso da manutenção e construção, o risco de rompimento ou de uma operação indevida em tubulações pode ser reduzido por sua correta e adequada identificação. Nessa norma é estabelecido o sistema de cor utilizado, para que não sejam introduzidas variações, que por vezes podem gerar confusão. No caso, o padrão adotado é o sistema Munsell.

NBR 12176 [143] – Cilindros para gases – Identificação do conteúdo – A identificação correta do conteúdo dos cilindros de gases é fundamental para a garantia da segurança dos pacientes e dos profissionais de manutenção e operação do EAS. A instalação incorreta de um recipiente de gás em uma linha indevidamente pode acarretar severas consequências para a segurança das pessoas (mantenedores, operadores e usuários).

NBR 7195 [151] – Cores para segurança – Essa norma é mais específica quanto a aplicação de cores para identificação em assuntos de segurança do trabalho.

Mesmo atendendo a todas as determinações quanto a adequação da sinalização nos ambientes de trabalho, sejam eles quais forem, é fundamental fornecer treinamento que garanta que as práticas de segurança sejam reconhecidas e obedecidas.

GERENCIAMENTO DE RISCO

Até os meados dos anos 1970, as atividades de prevenção de risco em EAS nos Estados Unidos eram descentralizadas e informais. O gerenciamento da segurança e risco do paciente era uma atividade pertencente à enfermagem. A partir de metade dos anos 1970, em virtude de as queixas e processos (referentes a eventos adversos) terem aumentado dramaticamente, o gerenciamento de risco surge como uma profissão distinta em serviços de saúde. Em 1977, a *American Hospital Association* incentivou os hospitais a implementarem programas de gerenciamento de risco como uma solução para minimizar eventos adversos, definindo o gerenciamento de risco como "ciência para identificação, avaliação, e neutralização do risco de PERDA FINANCEIRA" [152].

A partir da segunda metade dos anos 1980 apresenta-se uma grande agitação, tanto no meio acadêmico quanto em relação ao interesse popular referente ao assunto "Risco e o Gerenciamento de Risco". Realmente, foi defendido que o risco é uma das peças fundamentais para organização social e tornou-se um dos mais fortes conceitos na sociedade moderna.

Em 2007 foi lançada a segunda edição da norma ISO 14791 (*Medical devices — Application of risk management to medical devices*). O objetivo dessa norma é gerenciar o risco, minimizando efeitos prejudiciais ou danos à saúde das pessoas, à propriedades e ao meio-ambiente.

Na sociedade contemporânea existem muitas controvérsias a respeito de como o risco deve ser gerenciado. A razão para o crescimento da atenção é complexa e muito debatida. Justifica-se o crescimento da consciência de riscos pelo fato do aumento da expectativa de vida e a sensação de segurança proporcionada pela tecnologia disponível. Outra ênfase é o crescimento do número de pessoas que acreditam que não podem controlar a probabilidade de serem afetadas por ações desastrosas de outros.

A partir da metade dos anos 1980, uma grande escala de tecnologias avançadas se desenvolveu, tais como a energia nuclear e a biotecnologia. Essas tecnologias foram e são atacadas, em função da presença de temores invisíveis e efeitos imprevistos (tais como AIDS, poluição ambiental, efeitos da transmissão de energia etc.).

Além do anteriormente exposto, podem-se acrescentar a disponibilidade de recursos, a operação segura de plantas industriais, o transporte seguro, os pesticidas, as drogas e a viabilidade financeira das instituições. Esses pontos citados tornam-se apenas marcos, destaques de uma ampla e extensa gama de riscos. O risco é onipresente e nenhuma atividade humana pode ser considerada sem risco.

O significado de gerenciamento de risco vai variar em função da dimensão e do evento ou fenômeno a ser tratado. É mais fácil dizer o que o gerenciamento de risco faz. Como qualquer outra forma de administração, a de risco pode ser entendida como um processo que envolve três elementos básicos de qualquer sistema de controle, isto é:

- possuir uma meta (explícito ou implícito);
- informações para fornecer uma interpretação;
- ações que modifiquem estruturas físicas ou ambos.

Cada um desses três elementos são interligados em uma questão fundamental sobre o gerenciamento de risco que é mais fácil de fazer do que responder:

1. Quem se responsabiliza pelo risco, quem se beneficia desse risco, quem decide e quem para pelo risco?
2. Onde é a fronteira a ser demarcada entre o risco a ser administrado pelo estado, pelos indivíduos, os grupos sociais ou corporações?
3. Quais são as informações necessárias para administrar de forma racional o risco e sob qual ponto de vista legal?
4. Quais as ações que devem ser adotadas e que fazem diferença no controle do risco?
5. Quem e como faz a avaliação das ações de gerenciamento do risco?
6. Quem determina as influências (as interligações) entre diferentes riscos?

Não há consenso sobre o conteúdo desse questionário; ele é apenas uma base, para implantação das ferramentas de análise de risco.

FERRAMENTAS DE ANÁLISE DE RISCO

As ferramentas de análise de risco são diversas. Sua aplicação vai depender do sistema a ser estudado e da complexidade exigida do estudo. A complexidade do estudo basicamente vai ser definida pela obtenção de resposta adequada para assegurar resultados satisfatórios em relação a segurança, meio ambiente, confiabilidade e qualidade.

Análise Preliminar de Perigos (APP)

A Análise Preliminar de Perigos (APP) é uma técnica estruturada para identificar os perigos potenciais decorrentes da instalação de novas unidades, sistemas ou da operação de unidades e sistemas existentes que utilizam materiais perigosos. Na

Figura 8.5 é apresentado um esquema de funcionamento da APP ou Preliminary Hazard Analysis (*PHA*).

A APP é uma metodologia aplicada na seleção de áreas da instalação nas quais outras técnicas mais detalhadas de análise de riscos ou de confiabilidade devam ser utilizadas posteriormente, basicamente é uma ferramenta percussora da análise de riscos.

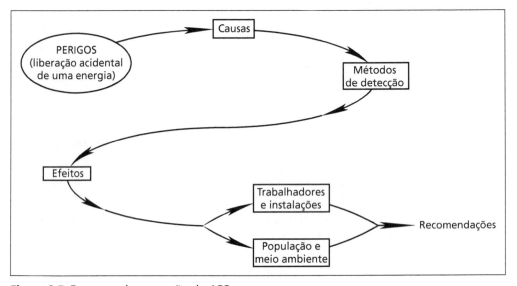

Figura 8.5: Esquema de operação da APP

Fonte: Elaborada pelos autores.

Análise de Modo e Efeito de Falha (*FMEA*)

O *FMEA* é uma técnica de baixo risco mais eficiente na prevenção de problemas e identificação de soluções em termos de custo. É uma técnica estruturada para avaliação do desenvolvimento do projeto e processos em todas as disciplinas da organização. O *FMEA* funciona como um diário, iniciando-se com na concepção do projeto, processo ou serviço e se mantém através da vida de mercado do produto. Qualquer modificação nesse período, que afete a qualidade ou a confiabilidade deve ser avaliada pelo *FMEA*.

O *FMEA* é uma técnica que oferece três funções distintas que serão analisadas posteriormente.

1. O *FMEA* é uma ferramenta de prognóstico de problemas;
2. O *FMEA* é um procedimento para desenvolvimento e execução de projetos, processos ou serviços, novos ou existentes (revisados);
3. É o diário do projeto, processo ou serviço.

A eficácia do *FMEA* depende do esforço em equipe, entretanto pode ser realizado por uma pessoa apenas. Nas duas formas de funcionamento existem vantagens e desvantagens, sendo necessário ponderar a relação de custo-benefício de cada alternativa. A garantir a eficácia do *FMEA* gera custos, contudo o retorno vem em forma de retorno na qualidade e na confiabilidade. Esse retorno é proveniente da redução do custo da falha, que é mais facilmente obtido pela reunião dos conhecimentos de uma equipe que compreende como o projeto, processo ou serviço é (1) projetado, (2) produzido e (3) utilizado ou mal utilizado. As chances de identificação e de prevenção de falhas são muito maiores do que quando feito individualmente; consequentemente, os ganhos para a qualidade e a confiabilidade são maiores. Certamente, os custos pela manutenção do *FMEA* serão menores que os resultados aferidos pela melhora na qualidade e na confiabilidade do projeto, processo ou serviço.

A equipe de implantação do *FMEA* vai dar apoio ao engenheiro. O *FMEA* não foi elaborado para tomar lugar do engenheiro na tomada de decisão é, simplesmente, uma ferramenta para ajudar a identificar possíveis problemas que ele não tenha considerado.

O engenheiro é a pessoa que provavelmente conhece melhor o projeto, processo ou serviço, contudo ele pode ter uma visão diferente de outras pessoas de outras áreas. A vantagem do *FMEA* é que ele proporciona uma visão mais ampla do projeto, processo ou serviço quando realizado em equipe.

Quando for montada a equipe de *FMEA* é necessário que todas as áreas que influenciam na qualidade do projeto, processo ou serviço ou que podem ser afetados por ele auxiliem no fornecimento de novas ideias para identificar os problemas potenciais e ajudar a preveni-los.

Para identificar os problemas a equipe de *FMEA* pode utilizar como base de estudo os dados históricos de desempenho (manutenção, garantia, perdas etc.) de gerações anteriores do projeto, processo ou serviço, a fim de contribuir para identificação de alguns modos de falha potencial. Caso não existam esses dados, a equipe deve utilizar sua experiência para realizar a identificação dos modos de falha potenciais. Quando isso acontece, torna-se mais importante ainda a seleção criteriosa da equipe que irá realizar o *FMEA*.

O *FMEA* é uma exigência de todas as organizações e normas de qualidade. Algumas organizações ou normas não fazem referência especifica ao *FMEA* ou outra sigla. Entretanto, exige de seus funcionários e fornecedores um esforço genuíno de previsão de problemas potenciais e implementação das melhores alternativas possíveis para a prevenção ou controle dos modos de falha potencial.

O risco de introduzir um novo projeto ou mudança de projeto deve ser totalmente avaliado [19]; entretanto, muitas organizações e alguns padrões de qualidade ainda não consideram o *FMEA* como uma técnica de avaliação.

Atualmente, o *FMEA* é uma exigência dos programas de qualidade para organização e seus fornecedores. Existem dois tipos de *FMEA* desde seu surgimento nos anos 1960:

1. *FMEA* de projeto (*DFMEA – Design Failure Modes and Effect Analysis*).
2. *FMEA* de processo (*PFMEA – Process Failure Modes and Effect Analysis*).

Dentre esses dois tipos muitos surgiram com o mesmo objetivo. A diferença entre o *FMEA* de projeto e o de processo está nos objetivos. No caso do *FMEA* de projeto o objetivo é responder as questões a seguir:
- Como esse projeto pode deixar de fazer o que deve fazer?
- O que devemos fazer para prevenir essas falhas potenciais de projeto?
- No caso do *FMEA* de processo, as perguntas são diferentes:
- Como esse processo pode deixar de fazer o que deve fazer?
- O que devemos fazer para prevenir essas falhas potencias de processo?

São perguntas diferentes a responder, contudo a resposta dada em cada um dos *FMEA*s vai influenciar no outro. Alguns modos de falha de projeto podem ser ocasionados por medidas adotas no processo, e alguns modos de falha do processo podem ser ocasionados pelo projeto. Independente da origem (projeto ou processo) os modos de falha devem ser identificados para que possam ser adotadas medidas de prevenção.

A aplicação de medidas para evitar modos de falha potencias de projeto não necessariamente deve ser feita no projeto. Em alguns casos, a prevenção de problemas de projeto é realizada por meio de ações de produção, que podem ser mais econômicas e resultar em um caminho mais curto. Esse princípio é conhecido com "Relevância das Etapas Posteriores" ou "Princípio da Relevância". Prevenir problemas de processo utilizando uma ação de projeto, em alguns casos, pode ser a estratégia mais eficiente e eficaz. Isso é conhecido como "Controle de Etapas Anteriores". A equipe de *FMEA* deve considerar as duas opções ao analisar o *FMEA*.

Análise de Árvore de Falhas (AAF)

A AAF é uma técnica qualitativa e quantitativa que relaciona o conjunto de falhas que ocasionam um evento indesejado, ações de compensação para minimizá-las, em escala de prioridade, conforme valores de confiabilidade e probabilidade de falha de cada "conjunto mínimo catastrófico".

Essa metodologia é aplicável a qualquer evento indesejado, especialmente em sistemas complexos. É um complemento de outras técnicas para análise de riscos de maior gravidade, identificados nelas, como por exemplo, a *FMEA*. Ver a figura 8.6.

A Análise de Árvore de Falhas surgiu nos laboratórios da *Bell Telephone* em 1962 a pedido da Força Aérea Americana para o desenvolvimento do sistema de controle dos mísseis balísticos "*Minuteman*". A sua experiência com lógica booleana em equipamentos de telecomunicações serviu como base para o desenvolvimento do método.

Em seguida a *Boeing Co.* aprimorou o método para aplicação em computadores. Essa técnica possibilitou o estudo de sistemas complexos, com grande quantidade de causas contribuintes, o que não era possível com os métodos disponíveis até os anos de 1960.

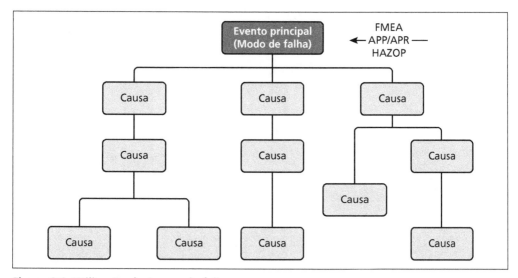

Figura 8.6: Utilização da árvore de falhas

Fonte: Elaborada pelos autores.

Essa metodologia proporciona um conhecimento profundo do sistema, identificando seus pontos fracos. Possibilita obter o valor da probabilidade de ocorrência de um evento indesejado, e da probabilidade de cada subgrupo de eventos que conduzem a esse evento indesejado (conjuntos mínimos). Possibilita o estudo de ações de compensação com base em dados quantitativos, inclusive estabelecendo escala de prioridade destas ações. Possibilita inter-relacionar os eventos que geram o evento principal (evento topo).

Antes de se aplicar essa técnica é necessário avaliar se é realmente vantajoso, verificando os seguintes pontos:

- Requer conhecimento profundo do sistema, em situação normal e anormal.
- Existe possibilidade de alocar recursos suficientes para esta análise – muitas das vezes o estudo é dispendioso.
- Possuir pessoal qualificado para realização dessa análise – ela requer pessoal qualificado.
- A natureza binária do estudo não permite incluir estados intermediários entre a falha e o sucesso.
- A análise quantitativa depende de dados de difícil obtenção.

Determinado sua aplicabilidade é necessário:

- selecionar o evento indesejado a ser avaliado;
- determinar os fatores contribuintes;
- diagramar os eventos de forma lógica, ou seja, montar a árvore de falhas, conforme simbologia pradão;
- determinar a árvore de falhas simplificada, utilizando a álgebra Booleana.

REFERÊNCIAS

[1] BRASIL. MINISTÉRIO DA SAÚDE. ANVISA. *Resolução RDC 50*, de 21 de fevereiro de 2002. Brasília, 2004.

[2] GONÇALVES, E. L. *Gestão hospitalar*: administando o hospiutal moderno. 1. ed. São Paulo: Saraiva, 2007. 327 p.

[3] BRASIL. MINISTÉRIO DA SAÚDE. SECRETARIA DE ATENÇÃO À SAÚDE. SECRETARIA-EXECUTIVA. *Manual do Cadastro Nacional dos Estabelecimentos de Saúde*/CNES. 1. ed. Brasília, 2006.

[4] BRASIL. MINISTÉRIO DA SAÚDE. Portaria 1886/GM. Aprova as Normas e Diretrizes do Programa de Agentes Comunitários de Saúde e do Programa de Saúde da Família. *Diário Oficial [da] República Federativa do Brasil*, Brasília, DF, 18.12.1997. Disponível em: <http://dtr2004.saude.gov.br/dab/docs/legislacao/portaria1886_18_12_97.pdf>. Acesso em: 09 ago. 2009.

[5] _____. Portaria GM/MS 648. Aprova a Política Nacional de Atenção Básica, estabelecendo a revisão de diretrizes e normas para a organização da Atenção Básica para o Programa Saúde da Família (PSF) e o Programa Agentes Comunitários de Saúde (PACS). *Diário Oficial [da] República Federativa do Brasil*, Brasília, DF, 28.03.2006. Disponível em: <http://www.saude.pb.gov.br/web_data/saude/copasems/portaria_648.doc>. Acesso em: 09 ago. 2009.

[6] _____. PORTARIA GM 154. Cria os Núcleos de Apoio à Saúde da Família – NASF. *Diário Oficial [da] República Federativa do Brasil*, Brasília, DF, 24.01.2008. Disponível em: <http://www.saude.ba.gov.br/dab/arquivos/portaria154.2008.pdf>. Acesso em: 09 ago. 2009.

[7] _____. Portaria GM/MS 2048. Aprova o Regulamento Técnico dos Sistemas Estaduais de Urgência e Emergência. *Diário Oficial [da] República Federativa do Brasil*, Brasília, DF, 05.11.2002. Disponível em: <http://www.saude.mg.gov.br/atos_normativos/legislacao-sanitaria/estabelecimentos-de-saude/urgencia-e-emergencia/portaria_2048_B.pdf>. Acesso em: 09 ago. 2009.

[8] COSTA, M. Especial Saúde: Um mercado sem fim. EXAME, São Paulo, 18.11.2009. 2009.p 179-184. Disponível em: <http://portalexame.abril.com.

br/revista/exame/edicoes/0956/especiais/mercado-fim-511289.html?page=1>. Acesso em: 20 nov. 2009.

[9] GONÇALVES, E. L.; ACHÉ, C. A. O hospital-empresa: do planejamento à conquista do mercado. *Revista de Administração de Empresas*, v. 39, n.1, p. 84-97, jan. 1999, 1999.

[10] BRASIL. MINISTÉRIO DA SAÚDE. *História e evolução dos hospitais*. 2. ed. Brasília: Ministério da Saúde, 1965. 588 p.

[11] BRAGA, D. Acidente de trabalho com material biológico em trabalhadores da equipe de enfermagem do centro de pesquisas Hospital Evandro Chagas – um olhar da saúde do trabalhador. 2000. 86 f. Dissertação (Mestrado em Saúde Pública) – Centro de Estudos de Saúde do Trabalhador e Ecologia Humana, Escola Nacional de Saúde Pública (ENSP) – FUNDAÇÃO OSWALDO CRUZ, Rio de Janeiro, 2000. Disponível em: <http://portalteses.icict.fiocruz.br/pdf/FIOCRUZ/2000/bragadm/capa.pdf>. Acesso em: 05 out. 2009.

[12] ABBAS, K. *Gestão de custos em organizações hospitalares*. 2001. 171 f. Dissertação (Mestrado em Engenharia de Produção) – Programa de Pós-Graduação em Engenharia de Produção, Universidade Federal de Santa Catarina, Florianópolis, 2001.

[13] COSTEIRA, E. M. A. *Hospitais de emergência da Cidade do Rio de Janeiro*: Uma Nova Abordagem para a Eficiência do Ambiente Construído. 2003. 206 f. Dissertação (Mestrado em Arquitetura (Racionalização do Projeto e da Construção)) – Programa de Pós-Graduação em Arquitetura (PROARQ) Universidade Federal do Rio de Janeiro, Rio de Janeiro, 2003.

[14] BERTOLOZZI, M. R.; GRECO, R. M. As políticas de saúde no Brasil: reconstrução histórica e perspectivas atuais. Rev.Esc.Enf.USP, v. 30, n. 3, p. 380-98, 1996, Disponível em: <http://www.ee.usp.br/reeusp/upload/pdf/356.pdf>. Acesso em: 15 out. 2009.

[15] GORDON, R. *A assustadora história da medicina*. 1st. ed. Rio de Janeiro: Ediouro Publicações Ltda., 2002. 371 p.

[16] _____. *Os grandes desastres da medicina*. 1. ed. Rio de Janeiro: Ediouro Publicações Ltda., 1997. 224 p.

[17] DRUCKER, P. *Inovação e espírito empreendedor*: entrepreneurship. São Paulo: Cengage Learning 2003. 378 p.

[18] COUTTOLENC, B. F.; ZUCCHI, P. *Gestão de recursos financeiros*. 1. ed. São Paulo: Faculdade de Saúde Pública da Universidade de São Paulo, 1998. V. 10. 139 p.

[19] CHELSON, J. V.; PAYNE, A. C.; REAVIL, L. R. P. *Gerenciamento para engenheiros, cientistas e tecnólogos*. 1. ed. Rio de Janeiro: LTC, 2006. 337 p.

[20] SILVA, L. G. D.; YAMADA, K. N. Estresse ocupacional em trabalhadores de uma unidade de internação de um hospital-escola. Ciência, Cuidado e Saúde, v. 7, n. 1, p. 98-105, Jan/Mar 2008, 2008, Disponível em: <http://www.periodicos.uem.br/ojs/index.php/CiencCuidSaude/article/viewFile/4912/3215>.

[21]   BRASIL. MINISTÉRIO DA SAÚDE. *Manual brasileiro de acreditação hospitalar*. 3. ed. Brasília: Ministério da Saúde, 2002. 109 p.

[22]   SPILLER, E. S., et al. *Gestão dos serviços em saúde*. 1. ed. Rio de Janeiro: FGV, 2009. 172 p.

[23]   NETO, A. Q. *Processo de Acreditação*: a busca da qualidade nas organizações de saúde. Porto Alegre: Dacasa, 2000. 136 p.

[24]   DALLEDONNE, J. Gestão de serviços. Rio de Janeiro: Senac, 2008. 152 p.

[25]   EPPLER, M. *Besteiras administrativas*: 57 armadilhas que você deve evitar (e as histórias daqueles que não conseguiram). 1. ed. São Paulo: SENAC, 2009. 358 p.

[26]   SANTOS, W. Brasil destaca-se como destino de Saúde. 2009.Disponível em: <http://www.gazetanew.com.br/site/caderno1.asp?cdca=5806>. Acesso em: 09 ago. 2009.

[27]   MONCHY, F. *A função manutenção*: formação para a gerência da manutenção industrial. São Paulo: Editora Durban Ltda, 1989.

[28]   ASSOCIAÇÃO BRASILEIRA DE NORMAS TÉCNICAS (ABNT). NBR 05462:. Confiabilidade e Mantenabilidade. Rio de Janeiro: ABNT, 1994. 37 p.

[29]   PEREIRA, J. M. *Engenharia de manutenção*: teoria e prática. 1. ed. São Paulo: Ciência Moderna, 2009. 228 p.

[30]   SIQUEIRA, I. P. *Manutenção centrada em confiabilidade*: manual de implementação. 1. ed. Rio de Janeiro: Qualitymark, 2005.

[31]   TAVARES, L. A. *Administração da moderna manutenção*. Rio de Janeiro: Novo Polo Publicações, 1999. 208 p.

[32]   HEINTEZELMAN, J. E. *The complete handbook of maintenance management*. Prenttice Hall, 1998.

[33]   WEBSTER, J. G.; COOK, A. M. *Clinical engineering*: principles and practices. Englewood Cliffs, New Jersey: Prentice-Hall, 1979.

[34]   MARCORIN, W. R.; LIMA, C. R. C. Análise dos Custos de Manutenção e de Não manutenção de Equipamentos Produtivos. REVISTA DE CIÊNCIA & TECNOLOGIA, v. 11, n. 22, p. 35-42, dezembro, 2003, Disponível em: <http://www.unimep.br/phpg/editora/revistaspdf/rct22art03.pdf>. Acesso em: 08 ago. 2009.

[35]   ASSOCIAÇÃO BRASILEIRA DE MANUTENÇÃO (ABRAMAN). A situação da manutenção no Brasil: documento nacional 2009. Associação Brasileira de Manutenção, 2009. Disponível em: <http:// www.abraman.org.br>. Acesso em: 19 out. 2009.

[36]   AMERICAN COLLEGE OF CLINICAL ENGINEERS (ACCE). Clinical Engineer – defined. 2009.Disponível em: <http://accenet.org/default.asp?page=about&section=definition>. Acesso em: 17 abr. 2009.

[37]   BRONZINO, J. D. Clinical engineering: a evolution of a Discipline. In: J. D. Bronzino (Ed.). *Biomedical engineering handbook*. Boca Raton, FL: CRC Press, 2000.

[38] SOLLER, I. Clinical engineering in an academic medical center. In: J. Dyro (Ed.). *Clinical engineering handbook*. New York: Academic Press, 2004, p. 696.

[39] WANG, B.; CALLIL, S. J. Clinical engineering in Brazil: current status. *Journal of Clinical Engineering*, v. 16, n. 2, p.129-135. 1991.

[40] SOUZA, D. B.; MORAES, R. C. Avaliação de custos da Gerência de Bioengenharia do Hospital de Clínicas de Uberlândia. Interseção, v. 1, n. 1, p. 81-101, Out, 2007, Disponível em: <www.saocamilo-mg.br/publicacoes/artigos/artigo07.pdf >. Acesso em: 08 ago. 2009.

[41] BANTA, H. D.; LUCE, B. R. *Health care technology and its assessment*: an international perspective. New York: Oxford University Press, 1993.

[42] BRASIL. MINISTÉRIO DA SAÚDE. ANVISA. Resolução RDC 2, de 25.01.2010. Dispõe sobre o gerenciamento de tecnologias em saúde em estabelecimentos de saúde. Brasília, 2010. Disponível em: <http://www.brasilsus.com.br/legislacoes/anvisa/102722-2>. Acesso em: 24 maio 2010.

[43] KOHN, L. T.; CORRIGAN, J.; DONALDSON, M. S. *To err is human*: building a safer health care system. Washington DC: National Academy Press, 2000.

[44] HARADA, M. J. C. S., *et al*. *O erro humano e a segurança do paciente*. 1. ed. São Paulo: Atheneu, 2006. V. 1. 217 p.

[45] SHORT, T. G., *et al*. Critical incident reporting in an anaesthetic department quality assurance program. *Anaesthesia*, v. 48, n. 1, p. 3-7, 1993.

[46] VADE MECUM CONSULTORIA. Erro Médico. 2001. Disponível em: <http://www.vademecum.com.br/iatros/erromed.htm>. Acesso em: 09 ago. 2009.

[47] AGÊNCIA NACIONAL DE VIGILÂNCIA SANITÁRIA (ANVISA). Cartilha de Notificações em Tecnovigilância. ANVISA, 2003. V. 2009. 30 p. Disponível em: <http://www.anvisa.gov.br/tecnovigilancia/cartilha.pdf>. Acesso em: 10 set. 2009.

[48] BRASIL. Código Civil. Parte Geral, Livro III, Dos Fatos Jurídicos, Título III, Dos Atos Ilícitos. 60. ed. São Paulo: Saraiva, 2009. Disponível em: <http://www.planalto.gov.br/CCIVIL/leis/2002/L10406.htm#indice>. Acesso em: 09 ago. 2009.

[49] _____. Código Civil. Parte Especial, Livro I, Do Direito das Obrigações, Título IX, Da Responsabilidade Civil, Capítulo I, Da Obrigação de Indenizar. 60. ed. São Paulo: Saraiva, 2009. Disponível em: <http://www.planalto.gov.br/CCIVIL/leis/2002/L10406.htm#indice>. Acesso em: 09 ago. 2009.

[50] _____. Código Civil. Parte Especial, Livro I, Do Direito das Obrigações, Título IX, Da Responsabilidade Civil, Capítulo II,Da Indenização. 60. ed. São Paulo: Saraiva, 2009. Disponível em: <http://www.planalto.gov.br/CCIVIL/leis/2002/L10406.htm#indice>. Acesso em: 09 ago. 2009.

[51] GONÇALVES, E. L.; ACHÉ, C. A. O Hospital-Empresa: do planejamento à conquista do mercado. Revista de Administração de Empresas, São Paulo, 1999. p. 84-97. Disponível em: <www.rae.com.br/artigos/71.pdf>. Acesso em: 08 ago. 2009.

[52] AGÊNCIA NACIONAL DE VIGILÂNCIA SANITÁRIA (ANVISA). Boas Práticas de aquisição de equipamentos médicos-hospitalares – Resolução RDC 59, de 27.06.2000. ANVISA, 2009. V. 2009. Disponível em: <http://e-legis.anvisa.gov.br/leisref/public/showAct.php?id=15279&word>. Acesso em: 09 ago. 2009.

[53] BRASIL. MINISTÉRIO DA SAÚDE. *Equipamentos médico-hospitalares e o gerenciamento da manutenção*. Brasília: Ministério da Saúde, 2002. 709 p.

[54] SOUZA, A. F. Análise da disponibilidade em equipamentos de ressonância magnética baseada em indicadores de manutenção. In: Congresso Brasileiro de Engenharia Biomédica, 21, 2008, Salvador. *Anais do XXI Congresso Brasileiro de Engenharia Biomédica*. Salvador: Sociedade Brasileira de Engenharia Biomédica (SBEB), 2008. 403-406 p.

[55] BANTA, H. D. Report from the EUR-ASSESS PROJECT. *International Journal of Technology Assessment in Health Care*, v. 13, p. 133-340. 1997.

[56] GOMES, A. M.; RANGEL, A. M.;DUNCAN, L. A. An application of the TODIM method to the multicriteria rental evaluation of residential properties. European Journal of Operational Research, v. 193, p.204-211. 2009. Disponível em: <http://www.sciencedirect.com/science?_ob=ArticleURL&_udi=B6VCT-4R2H911-3&_user=10&_rdoc=1&_fmt=&_orig=search&_sort=d&_docanchor=&view=c&_searchStrId=975070644&_rerunOrigin=google&_acct=C000050221&_version=1&_urlVersion=0&_userid=10&md5=470d753422c1946432526edc5ca0a346>. Acesso em: 08 ago. 2009.

[57] HELMANN, K. S.; MARÇAL, R. F. M. Método multicritério de apoio à decisão na gestão da Manutenção: aplicação do método ELECTRE I na seleção de equipamentos críticos para processo. Revista Gestão Industrial, v. 3, p. 123-133, 2007, Disponível em: <http://www.pg.utfpr.edu.br/depog/periodicos/index.php/revistagi/article/viewFile/86/83>. Acesso em: 08 ago. 2009.

[58] GONÇALVES, A. A., *et al*. Modelo de simulação aplicado na gestão de serviços de saúde. In: Encontro Nacional de Engenharia de Produção, 25, 2005, Porto Alegre. *XXV Encontro Nacional de Engenharia de Produção*. Porto Alegre: ABEPRO, 2005. 3032-3038 p.

[59] FILHO, N. A.; ANACLETO, M. A.; OLIVEIRA, M. J. F. D. A simulação como método de avaliação da qualidade de atendimento e fonte de dados para BSC na emergência do hospital municipal Miguel Couto. *Simpósio de Pesquisa Operacional e Logística da Marinha*. Rio de Janeiro: Marinha do Brasil: 14 p. 2008.

[60] ISHIKAWA, K. *Guide to quality control*. 2. ed.: Nordica International, 1990. 248 p.

[61] ATKINS, R. L. The Fundamentals: How To Begin Measuring Maintenance Effectiveness Part I. MAINTENANCE TECHNOLOGY, 01 maio 2009, 2009, Disponível em: <http://www.mt-online.com/component/content/article/44-may2009/791-how-to-begin-measuring-maintenance-effectiveness-part-i.html>. Acesso em: 09 ago. 2009.

[62] SCHELLER, E. How Do You Select The Right KPIs?: Life Cycle Engineering, Inc., 2009.Disponível em: <http://www.lce.com/How_Do_You_Select_The_Right_KPIs_225-item.html>. Acesso em: 09 ago. 2009.

[63] PERERA, A. Product Assurance Capability (PAC) Quantified. The Journal of the Reliability Analysis Center, 2nd Quarter, 2004, Disponível em: <http://src.alionscience.com/pdf/2Q2004.pdf>. Acesso em: 08 ago. 2009.

[64] COHEN, T., *et al*. Benchmark indicators for medical equipment repair and maintenance. *Biomedical Instrumentation and Technology*, p. 308-321, August, 1995.

[65] CARDOSO, G. B.; CALIL, S. J. Estudo do Processo de Análise de Referência Aplicado à Engenharia Clínica e Metodologia de Validação de Indicadores de Referência. In: Congresso Brasileiro de Engenharia Biomédica, 17, 2000, Florianópolis. *Anais do XVII Congresso Brasileiro de Engenharia Biomédica*. Florianópolis: Sociedade Brasileira de Engenharia Biomédica (SBEB), 2000. 401-403 p.

[66] VIEIRA, J. B. M.; IANISKI, T. Avaliação dos Custos de Manutenção de Monitores Cardíacos. In: Congresso Brasileiro de Engenharia Biomédica, 17, 2000, Florianópolis. *Anais do XVII Congresso Brasileiro de Engenharia Biomédica*. Florianópolis: Sociedade Brasileira de Engenharia Biomédica (SBEB), 2000. 401-403 p.

[67] MENDONÇA, C. A. V. D. *Passo a passo da informatização*: tudo o que você precisa saber para informatizar, modernizar sua empresa e lidar com seus fornecedores 1. ed. Rio de Janeiro: Sebrae, 2000. 102 p.

[68] LIMA, E. A. N. D. GEM – HOS – Sistema de Gerenciamento de Informações de Equipamentos Médico-Hospitalares. O caso do Hospital Universitário de Brasília – HUB. 2008. 99 f. Dissertação (Mestrado em Engenharia Elétrica) – Departamento de Engenharia Elétrica, Universidade de Brasília, Brasília – D.F., 2008. Disponível em: <http://bdtd.bce.unb.br/tedesimplificado/tde_busca/arquivo.php?codArquivo=3086>. Acesso em: 06 set. 2009.

[69] INMETRO. *Vocabulário de metrologia legal*. 3. ed. Rio de Janeiro, 2003. 27 p.

[70] _____. *Vocabulário internacional de termos fundamentais e gerais de metrologia*. 3. ed. Rio de Janeiro, 2003. 75 p.

[71] ECRI. Clear Talk About Service. Health Devices, v. 38, n. 4, p. 114-119, 2009.

[72] UK. MEDICINES AND HEALTHCARE PRODUCTS REGULATORY AGENCY. Device Bulletin DB2006(05). Managing Medical Devices Guidance for healthcare and social services organizations. London: Medicines and Healthcare products Regulatory Agency, 2006. 66 p. Disponível em: <http://www.mhra.gov.uk/Publications/Safetyguidance/DeviceBulletins/CON2025142>. Acesso em: 09 ago. 2009.

[73] INTERNATIONAL ORGANIZATION FOR STANDADIZATION (ISO). ISO 9000:2005. *Quality management systems*: fundamentals and vocabulary. ISO, 2005. 30 p.

[74] CHENG, M. An international strategy in medical equipment maintenance. *Journal of Clinical Engineering*, Jan/Feb 1995. 1995.

[75] WORLD HEALTH ORGANIZATION. Training of technicians for medical equipment maintenance. In: *District health facilities*: guidelines for development and operations: World Health Organization, 1998, p. 354. Disponível em: <http://www.wpro.who.int/internet/files/pub/297/part1_2.6.pdf>. Acesso em: 20 maio 2010.

[76] MENEZES, C. I. C. D.; SALLES, M. T.; SILVA, M. A. S. D. Brasil uma ferramenta para melhora da qualidade dos instrumentos na área da saúde. In: METROLOGIA 2003 – *Metrologia para a vida*, 2003, Recife: Sociedade Brasileira de Metrologia (SBM), 2003. p.

[77] FORREST, W. Equipment Service Part I: Making the most of equipment service personnel and contracts. AUNTMINNIE.COM, 2007.Disponível em: <http://www.auntminnie.com/index.aspx?sec=spt&sub=tir&pag=dis&ItemId=74569>. Acesso em: 09 ago. 2009.

[78] FRANÇA, F. L. *Teoria e prática da cláusula penal*. São Paulo: Saraiva, 1988.

[79] BRANDÃO, B. H. P. Aspectos da cláusula penal. BOLETIM JURÍDICO, Uberaba, 212. 2007. Disponível em: <http://www.boletimjuridico.com.br/doutrina/texto.asp?id=1700>. Acesso em: 09 ago. 2009.

[80] BRASIL. Lei 8.666, de 21 de junho de 1993. Regulamenta o art. 37, inciso XXI, da Constituição Federal, institui normas para licitações e contratos da Administração Pública e dá outras providências. Diário Oficial [da] República Federativa do Brasil, Poder Executivo. Brasília, DF, 21.06.1993. Disponível em: <http://www.planalto.gov.br/CCIVIL/leis/L8666compilado.htm>. Acesso em: 09 set. 2009.

[81] STONNER, R. *Ferramentas de planejamento*. Rio de Janeiro: E-papers, 2001. 297 p.

[82] SIMMONS, D. A. Operator error causes most biomedical incidents. *Risk Management*, v. 4, n. 2, p. 17-20, 1982.

[83] SILVA, M. J.; PEREIRA, L. L.; BENKO, M. A. *Educação continuada*: estratégia para o desenvolvimento do pessoal de enfermagem. São Paulo: Marques Saraiva, 1989.

[84] GEDDES, L. A. *Medical devices accidents and illustratives cases*. 2. ed. Arizona: Lawers & Judges Publishing Company, Inc, 2002. 491 p.

[85] Polícia investiga mortes por pane elétrica em UTI. O ESTADO DE SÃO PAULO, São Paulo, 2006.Cidades. Disponível em: <http://www.estadao.com.br/arquivo/cidades/2004/not20041206p16561.htm>. Acesso em: 09 ago. 2009.

[86] Paciente queimada durante curetagem será indenizada – Processo 0024.02.771.959-0. REVISTA CONSULTOR JURÍDICO, 05 fev. 2006. Notícias. Disponível em: <http://www.conjur.com.br/2006-fev-05/paciente_queimada_durante_curetagem_indenizada>. Acesso em: 09 ago. 2009.

[87] TEIXEIRA, J. Bisturi elétrico. Queimaduras. Jornal Enfoque Jurídico, 2005. Disponível em: <http://www.jteixeira.com.br/pdf/enfoque.pdf>. Acesso em: 09 ago. 2009.

[88] Paciente solta pum durante cirurgia e incendeia o bisturi do médico. *Isto é Independente*, 2002. Disponível em: <http://www.terra.com.br/istoe/1699/1699semana3.htm>. Acesso em: 09 ago. 2009.

[89] VALLEYLAB CLINICAL EDUCATION. Principles of Electrosurgery online: Grounded Electrosurgical Systems RF Current Division. 2007. Disponível em: <http://www.valleylab.com/education/poes/poes_13.html>. Acesso em: 09 ago. 2009.

[90] MAUDE Adverse Event Report – GE MEDICAL SYSTEMS, LLC SIGMA HD 3.0T MR FDA, 2006. Disponível em: <http://www.accessdata.fda.gov/scripts/cdrh/cfdocs/cfMAUDE/Detail.CFM?MDRFOI__ID=807089>. Acesso em: 03 nov. 2009.

[91] BRASIL. Lei 8.213 – de 24.07.1991. Dispõe sobre os Planos de Benefícios da Previdência Social e dá outras providências. Diário Oficial [da] República Federativa do Brasil, Poder Executivo. Brasília, DF, 14 ago. 1991. Disponível em: <http://www3.dataprev.gov.br/SISLEX/paginas/42/1991/8213.htm>. Acesso em: 09 ago. 2009.

[92] KARMAN, J., et al. *Manutenção hospitalar preditiva e preventiva*. 1. ed. São Paulo: Pini, 1993.

[93] TOLEDO, L. C. Feitos Para Curar. Arquitetura Hospitalar e Processo Projetual No Brasil. 2002. 184 f. Dissertação (Mestrado em Arquitetura -Metodologias e Teorias de Projeto) – Programa de Pós-Graduação em Arquitetura (PROARQ) Universidade Federal do Rio de Janeiro, Rio de Janeiro, 2002. Disponível em: <http://www.mtarquitetura.com.br/publicacoes.asp?tipo=1>. Acesso em: 08 ago. 2009.

[94] BRASIL. MINISTÉRIO DA SAÚDE. Textos de Apoio à Programação Física dos Estabelecimentos Assistenciais de Saúde. *Manutenção incorporada à arquitetura hospitalar*. Brasília: Ministério da Saúde, 1995.

[95] MEIRELLES, J. Pensando em tudo – Com bom senso e muita experiência, arquitetos modificam conceitos tradicionais e criam a manutenção hospitalar preditiva (Karman). Revista Hospital, São Paulo, 1996. Disponível em: <http://www.karman.com.br/jkfala/pensandoA.php>. Acesso em: 09 ago. 2009.

[96] LEEBOW, W. *Service excellence*: the customer relations strategy for health care. Lincoln: Universe, 2003. 350 p.

[97] DIAS, M. A. D. A. O novo conceito na hospedagem do cliente. Notícias Hospitalares, São Paulo, 2003.Disponível em: <http://www.noticiashospitalares.com.br/set2003/pgs/hotelaria.htm>. Acesso em: 09 ago. 2009.

[98] RAMIREZ, E. F. F.; CALDAS, E. C.; JUNIOR, P. R. D. S. *Manual hospitalar de manutenção preventiva*. 1. ed. Londrina: HURNP /UEL, 2002.

[99] ASSOCIAÇÃO BRASILEIRA DE NORMAS TÉCNICAS (ABNT). *NBR 05674*. Manutenção de Edificações. Rio de Janeiro: ABNT, 1999. 6 p.

[100] _____. *NBR 13534*. Rio de Janeiro: ABNT, 2008. 21 p.

[101] _____. *NBR 07256*. Rio de Janeiro: Associação Brasileira de Normas Técnicas, 2005. 22 p.

[102] _____. *NBR 08160*. Sistemas prediais de esgoto sanitário – Projeto e execução. Rio de Janeiro: ABNT, 1999. 74 p.

[103] BRASIL. MINISTÉRIO DO TRABALHO E EMPREGO. NR 04:. Serviços Especializados em Eng. de Segurança e em Medicina do Trabalho. Ministério do Trabalho, 1978. Disponível em: <http://www.mte.gov.br/legislacao/normas_re gulamentaDORAS/nr_04a.pdf>. Acesso em: 09 ago. 2009.

[104] HELENE, P.; FIGUEIREDO, E. P. *Manual de reparo, proteção e reforço de estruturas de concreto*. São Paulo: Red Rehabilitar, 2005. 718 p.

[105] SIQUEIRA, A. P. D., et al. *Inspeção predial check-up predial*: guia da boa manutenção – IBAPE SP. 2. ed. São Paulo: Liv. e Ed. Universitária de Direito, 2009. 319 p.

[106] BRASIL. MINISTÉRIO DA SAÚDE. PORTARIA N° 518/GM. Estabelece os procedimentos e responsabilidades relativos ao controle e vigilância da qualidade da água para consumo humano e seu padrão de potabilidade, e dá outras providências. Diário Oficial [da] República Federativa do Brasil, Brasília, DF, 25 mar. 2004. Disponível em: <http://www.aguaseaguas.ufjf.br/PORTARIA%20518%20 25032004.pdf>. Acesso em: 09 ago. 2009.

[107] BRASIL. MINISTÉRIO DA SAÚDE. ANVISA. Resolução RDC 154, de 15.06.2004:. Brasília, 2004.

[108] TORREIRA, R. P. *Salas limpas*: projeto, instalação e manutenção. São Paulo: Hemus, 2004. 318 p.

[109] BRASIL. MINISTÉRIO DA SAÚDE. Portaria 3.523/GM. Diário Oficial [da] República Federativa do Brasil, Brasília, DF, 31.08.1998. p. 40-42. Disponível em: <http://www2.rio.rj.gov.br/governo/vigilanciasanitaria/legislacao/porta ria_3523.pdf>. Acesso em: 09 ago. 2009.

[110] ASSOCIAÇÃO BRASILEIRA DE NORMAS TÉCNICAS (ABNT). *NBR 05410*. Instalações elétricas de baixa tensão. Rio de Janeiro: ABNT, 2004. 209 p.

[111] _____. *NBR 14039*. Instalações elétricas de média tensão de 1,0 kV a 36,2 kV Rio de Janeiro: ABNT, 2005. 87 p.

[112] BRASIL. MINISTÉRIO DO TRABALHO E EMPREGO. NR 10. Ministério do Trabalho, 2004. Disponível em: <http://www.mte.gov.br/legislacao/normas_regula mentaDORAS/nr_10.pdf>. Acesso em: 09 ago. 2009.

[113] SANTANA, C. J. D. R. *Instalações elétricas hospitalares*. 2. ed. Porto Alegre: EDIPUCRS, 1999. 234 p.

[114] ASSOCIAÇÃO BRASILEIRA DE NORMAS TÉCNICAS (ABNT). *NBR 05419*. Proteção de estruturas contra descargas atmosféricas Rio de Janeiro: ABNT, 2005. 42 p.

[115] TRIBUNAL DE JUSTIÇA DE MINAS GERAIS (TJMG). Indenização por queimadura em cirurgia. Direito.com.br, 2008. Disponível em: <http://www.direito2. com.br/tjmg/2008/ago/18/indenizacao-por-queimadura-em-cirurgia>. Acesso em: 09 ago. 2009.

[116] HUBBELL WIRING DEVICE-KELLEMS. Hospital products catalog. 2009. Disponível em: <http://www.hubbellcatalog.com/wiring/section-i-ss.asp?FAM=HProducts>. Acesso em: 09 ago. 2009.

[117] ASSOCIAÇÃO BRASILEIRA DE NORMAS TÉCNICAS (ABNT). *NBR 14136*. Plugues e tomadas para uso doméstico e análogo até 20 A/250 V em corrente alternada – Padronização. Rio de Janeiro: ABNT, 2002. 20 p.

[118] _____. *NBR 05413*. Iluminação de interiores. Rio de Janeiro, 1992. 10 p.

[119] AGÊNCIA NACIONAL DE VIGILÂNCIA SANITÁRIA (ANVISA). Segurança no Ambiente Hospitalar. ANVISA, 2009. V. 2009. Disponível em: <bvsms.saude.gov.br/bvs/publicacoes/seguranca_hosp.pdf>. Acesso em: 09 ago. 2009.

[120] BRASIL. MINISTÉRIO DO TRABALHO E EMPREGO. NR 13. Ministério do Trabalho, 2008. Disponível em: <http://www.mte.gov.br/legislacao/normas_regulamentaDORAS/nr_13.pdf>. Acesso em: 09 ago. 2009.

[121] TOMAZ, A. F.;OLIVEIRA, S. C. F. D. Análise de riscos do serviço ambulatorial de fisioterapia adulto de um hospital universitário. In: Encontro Nacional de Engenharia de Produção, 2001, Salvador. XXI *Encontro Nacional de Engenharia de Produção*. Salvador: ABEPRO, 2001. p.

[122] BRASIL. MINISTÉRIO DO TRABALHO E EMPREGO. NR 03. Embargo ou Interdição. Ministério do Trabalho, 1978. Disponível em: <http://www.mte.gov.br/legislacao/normas_regulamentaDORAS/nr_03_at.pdf>. Acesso em: 09 ago. 2009.

[123] _____. NR 28:. Fiscalização e Penalidades. Ministério do Trabalho, 1989. Disponível em: <http://www.mte.gov.br/legislacao/normas_regulamentaDORAS/nr_28.pdf>. Acesso em: 09 ago. 2009.

[124] _____. NR 01:. Disposições Gerais. Ministério do Trabalho, 1978. Disponível em: <http://www.mte.gov.br/legislacao/normas_regulamentaDORAS/nr_01_at.pdf>. Acesso em: 09 ago. 2009.

[125] _____. NR 05:. Comissão Interna de Prevenção de Acidentes. Ministério do Trabalho. Disponível em: <http://www.mte.gov.br/legislacao/normas_regulamentadoras/nr_05.asp>. Acesso em: 07 set. 2009.

[126] _____. NR 32:. Ministério do Trabalho, 2005. Disponível em: <http://www.mte.gov.br/legislacao/normas_regulamentaDORAS/nr_32.pdf>. Acesso em: 09 ago. 2009.

[127] _____. NR 15:. Ministério do Trabalho, 2004. Disponível em: <http://www.mte.gov.br/legislacao/normas_regulamentaDORAS/nr_15.pdf>. Acesso em: 09 ago. 2009.

[128] _____. NR 16:. Ministério do Trabalho, 2004. Disponível em: <http://www.mte.gov.br/legislacao/normas_regulamentaDORAS/nr_16.asp>. Acesso em: 09 ago. 2009.

[129] BRASIL. Decreto 93.412, de 14.10.1986. Revoga o Decreto 92.212, de 26.12.1985, regulamenta a Lei 7.369, de 20.09.1985, que institui salário adicional para empregados do setor de energia elétrica, em condições de periculosidade, e dá

outras providências. Diário Oficial [da] República Federativa do Brasil, Presidência Da República. Brasília, DF, 15.10.1986. Seção 1, p. 15507. Disponível em: <http://www.aneel.gov.br/cedoc/dec198693412.pdf>. Acesso em: 09 ago. 2009.

[130] BRASIL. MINISTÉRIO DO TRABALHO E EMPREGO. NR 07. Programa de Controle Médico de Saúde Ocupacional – PCMSO. Ministério do Trabalho, 1978. Disponível em: <http://www.mte.gov.br/legislacao/normas_regulamentadoras/nr_07_at.pdf>. Acesso em: 09 ago. 2009.

[131] SOUZA, A. B. D.; NÓBREGA, J. S. W. D.; JUNIOR, J. S. *Guia prático de implementação dos treinamentos da NR10*. Rio de Janeiro: JUNIOR, J. S. (Ed,), 2006.

[132] BRASIL. MINISTÉRIO DO TRABALHO E EMPREGO. NR 33. Segurança e Saúde no Trabalho em Espaços Confinados. Ministério do Trabalho, 2006. Disponível em: <http://www.mte.gov.br/legislacao/normas_regulamentaDORAS/nr_33.pdf>. Acesso em: 09 ago. 2009.

[133] _____. NR 06. Equipamentos de Proteção Individual – EPI. Ministério do Trabalho, 1978. Disponível em: <http://www.mte.gov.br/legislacao/normas_regulamentaDORAS/nr_06.pdf>. Acesso em: 09 ago. 2009.

[134] _____. NR 18. Ministério do Trabalho, 2004. Disponível em: <http://www.mte.gov.br/legislacao/normas_regulamentaDORAS/nr_18geral.pdf>. Acesso em: 09 ago. 2009.

[135] _____. NR 09. Programa de Prevenção de Riscos Ambientais – PPRA. Ministério do Trabalho, 2004. Disponível em: <http://www.mte.gov.br/legislacao/normas_regulamentadoras/nr_09_at.pdf>. Acesso em: 09 ago. 2009.

[136] LIMA, V. P. D. A saúde e a segurança dos trabalhadores de estabelecimentos assistenciais à saúde. Interseção, v. 1, n. 1, p. 51-56, Out, 2007, Disponível em: <http://www.saocamilo-mg.br/publicacoes/artigos/artigo05.pdf>. Acesso em: 10 out. 2009.

[137] COMISSÃO NACIONAL DE ENERGIA NUCLEAR (CNEN). *CNEN NE 3.01*. Diretrizes básicas de radioproteção. Rio de Janeiro: CNEN, 1988. 9 p.

[138] _____. *CNEN NE 3.05*. Requisitos de radioproteção e segurança para serviços de medicina nuclear. Rio de Janeiro: CNEN, 1996. 9 p.

[139] CRUZ, F. F. S. Radioatividade e o acidente de Goiânia. Caderno Catarinense de Ensino de Física, v. 4, n. 3, p. 164-169, dezembro, 1987, Disponível em: <http://www.periodicos.ufsc.br/index.php/fisica/article/view/7842/7213>. Acesso em: 08 ago. 2009.

[140] COMISSÃO NACIONAL DE ENERGIA NUCLEAR (CNEN). *CNEN.NE 3.02*. Serviços de radioproteção. Rio de Janeiro: CNEN, 1988. 9 p.

[141] _____. *CNEN NE 6.05*. Gerência de Rejeitos Radioativos em Instalações Radiativas. Rio de Janeiro: CNEN, 1985. 36 p.

[142] ASSOCIAÇÃO BRASILEIRA DE NORMAS TÉCNICAS (ABNT). *NBR 12188*. Rio de Janeiro: ABNT, 2003. 25 p.

[143] _____. *NBR 12176*. Cilindros para gases – Identificação do conteúdo. Rio de Janeiro: ABNT, 1999. 9 p.

[144] LETA, F. R.; VELLOSO, M. P.; SANTOS, A. R. M. D. O uso de cores em cilindros contento gás. Uma análise sobre a percepção visual sob diferentes iluminantes. Produção, v. 16, n. 2, 2006. Disponível em: <http://www.scielo.br/scielo.php?script=sci_arttex&pid=S0103-65132006000200003&lng=es&nrm=iso&tlng=es>. Acesso em: 08 ago. 2009.

[145] BRASIL. MINISTÉRIO DOS TRANSPORTES. ANTT. Resolução 420, de 12.02.2004. Aprova as Instruções Complementares ao Regulamento do Transporte Terrestre de Produtos Perigosos. *Diário Oficial [da] República Federativa do Brasil*, Poder Executivo. Brasília, DF, 31.03.2004.

[146] BRASIL. MINISTÉRIO DOS TRANSPORTES. Decreto 96.044, de 18.05.1988. Aprova o Regulamento para o Transporte Rodoviário de Produtos Perigosos e dá outras providências. *Diário Oficial [da] República Federativa do Brasil*, Poder Executivo. Brasília, DF, 19.05.1988. p. 8.737/41. Disponível em: <www.antt.gov.br/legislacao/PPerigosos/Nacional/Dec96044-88.pdf >. Acesso em: 09 ago. 2009.

[147] BENATTI, M. C. C. Mapa de riscos ambientais em hospital na prevenção de acidentes. *Controle de infecção*. Becton Dickinson Indústrias Cirúrgicas Ltda, n. 47, p. 4-5, 2001.

[148] ASSOCIAÇÃO BRASILEIRA DE NORMAS TÉCNICAS (ABNT). *NBR 09191*. Sacos plásticos para acondicionamento de lixo – Requisitos e métodos de ensaio. Rio de Janeiro: ABNT, 2008. 10 p.

[149] BRASIL. MINISTÉRIO DO TRABALHO E EMPREGO. NR 26. Ministério do Trabalho, 2004. Disponível em: <http://www.mte.gov.br/legislacao/normas_regulamentaDORAS/nr_26.pdf>. Acesso em: 09 ago. 2009.

[150] ASSOCIAÇÃO BRASILEIRA DE NORMAS TÉCNICAS (ABNT). *NBR 6493*. Rio de Janeiro: ABNT, 1994. 5 p.

[151] _____. *NBR 7195*. Cores para segurança Rio de Janeiro: ABNT, 1995. 5 p.

[152] ECRI. Risk Management, Quality Improvement, and Patient Safety. Healthcare Risk Control, v. 2, n. 4, p. 1 - 15.07.2009.

[153] GOMES, L. F. M. A.; GOMES, C. F. S.; ALMEIDA, A. T. *Tomada de decisão gerencial*: enfoque multicritério. Rio de Janeiro: Atlas, 2002.

[154] MARINS, C. S.; COZENDEY, M. A metodologia de multicritério como ferramenta para tomada de decisões gerenciais: um estudo de caso. In: *Encontro Nacional de Engenharia de Produção*, 25, 2005, Porto Alegre. Porto Alegre: ABEPRO, 2005. p.

[155] GOMES, L. F. M. A.; ARAYA, M. C. G.; CARIGNANO, C. Tomada de decisões em cenários complexos. São Paulo: Pioneira, 2004.

[156] DUNCAN, L. A.; FLÁVIO, R. L.; GOMES, A. M. Determinação do valor de referência do aluguel de imóveis residenciais empregando o método TODIM. Pesquisa Operacional, v. 27, n. 2, p. 357-372, 2007. Disponível em: <http://www.

scielo.br/scielo.php?pid=S0101-74382007000200009&script=sci_arttext>. Acesso em: 08 ago. 2009.

[157] BRASIL. MINISTÉRIO DA SAÚDE. Regras gerais sobre licitações e contratos administrativos 1. ed. Brasília: Ministério da Saúde, 2003. 21 p. Disponível em: <http://sna.saude.gov.br/download/licitacao_regras.pdf>. Acesso em: 10 nov. 2009.

[158] SAKURAI, M. *Gerenciamento integrado de custos*. São Paulo: Atlas, 1997. 280 p.

[159] BENNETT, P. ABM and the procurement cost model. *Management Accounting*, v. 77, p. 28-32, 1996.

[160] NASCIMENTO, L. N.; CALIL, S. J.; HERMINI, A. H. Uma Metodologia para o Cálculo do Custo Total de Propriedade de Equipamentos Médico-Hospitatares. In: Congresso Brasileiro de Engenharia Biomédica, 20, 2006, São José do Rio Preto. *Anais do XX Congresso Brasileiro de Engenharia Biomédica*. São José do Rio Preto: Sociedade Brasileira de Engenharia Biomédica (SBEB), 2006. 403-406 p.

[161] SÁLES, F. Funcionário federal sabotava raio-X. JORNAL DO BRASIL, Rio de Janeiro, 2008. Rio. p. 16. Disponível em: <http://jbonline.terra.com.br/leiajb/noticias/2008/10/11/rio/funcionario_federal_sabotava_raios_x.html>. Acesso em: 08 ago. 2009.

[162] COORDENADORIA DE EDITORIA E IMPRENSA – STJ. Processos por erro médico no STJ aumentaram 200% em seis anos. O Tribunal da Cidadania, 2008. Disponível em: <http://www.stj.gov.br/portal_stj/publicacao/engine.wsp?tmp.area=398&tmp.texto=89920>. Acesso em: 09 ago. 2009.

ANEXOS

A. ANÁLISE MULTICRITÉRIO

A tomada de decisão pode ser definida de várias formas, entre elas duas que consideramos as mais precisas: "o processo de colher informações, atribuir importância a elas, posteriormente buscar possíveis alternativas de solução e, depois, fazer a escolha entre alternativas", e "a tomada de decisão é um esforço para tentar resolver problemas de objetivos conflitantes, cuja presença impede a existência da solução ótima e conduz à procura do melhor compromisso" [153].

As técnicas de análise multicritério tiveram seu surgimento nas décadas de 1970 e 1980, em substituição aos modelos ortodoxos de pesquisa operacional, que surgiram na década de 1950 para a resolução de problemas logísticos-militares nas forças armadas durante a Segunda Guerra Mundial, que buscavam soluções para problemas gerenciais complexos [154].

Segundo Gomes [155], os critérios que envolvem decisões complexas envolvem pelo menos uma das carcterísticas abaixo:

- Os critérios para resolução do problema são conflitantes entre si.
- Tanto os critérios como as alternativas não estão claramente definidos, e as consequências da escolha de uma alternativa em relação a pelo menos um critério, não são devidamente compreendidas.
- Os critérios e as alternativas podem estar interligados, de forma que um critério pode refletir nos demais.
- A solução dos problemas depende de um conjunto de pessoas, cada uma com pontos de vistas próprios, em geral conflitantes.
- As restrições dos problemas não estão bem definidas, podendo existir dúvidas em relação ao que é critério e ao que é restrição.
- Existem critérios quantificáveis, e outros somente o são por meio de juízos de valor efetuados sobre uma escala.
- A escala para um critério pode ser cardinal, verbal ou ordinal, dependendo da disponibilidade de dados e da natureza dos critérios.

As soluções dos problemas de decisão variam em função do resultado pretendido. Determinado um problema, segundo Gomes [155] uma das seguintes problemáticas é abordada, conforme exposto na tabela abaixo:

Tabela A.1: Problemática em função do tipo de problema	
Tipo do problema	Problemática abordada
Tipo α (Pα)	Selecionar a "melhor" alternativa ou as melhores alternativas.
Tipo β (Pβ)	Aceitar alternativas que parecem "boas" e descartar as que parecem "ruins", ou seja, realizar uma classificação das alternativas.
Tipo γ (Pγ)	Gerar uma ordenação das alternativas.
Tipo σ (Pσ)	Realizar uma descrição das alternativas.

Existem vários métodos desenvolvidos para a abordagem e tratamento de problemas com múltiplos critérios: teoria multiatributo (MAUT), os métodos de sobre-classificação (em especial os da família ELECTRE e família PROMETHEE), programação matemática multiobjetivo, SMART, AHP, MACHBETH, TODIM.

O método de cálculo não é simples, podendo ser encontrado nas referências citadas [156]. Resumidamente, podemos dizer que o método envolve:

- identificar as alternativas a serem priorizadas;
- escolher e valorizar os critérios de avaliação;
- valorizar as alternativas em relação a cada um dos critérios;
- agregar os valores atribuídos às diversas alternativas, usando um método de agregação, resultando na preferência global para cada alternativa por participante.

A classificação final das alternativas é obtida pela ordenação dessas preferências globais.

B. LICITAÇÃO

Licitação é o procedimento administrativo para contratação de serviços ou aquisição de produtos pelos governos Federal, Estadual, Municipal ou entidades de qualquer natureza. Para licitações, no Brasil, por entidades que façam uso da verba pública, o processo é regulado pela lei ordinária brasileira 8666/93.

Segundo informativo do Ministério da Saúde, disponível gratuitamente, licitar é adotar procedimentos por meio dos quais a administração escolhe a proposta mais vantajosa para o futuro contrato de seu interesse, tendo em consideração o regramento e editalício que estabelecer.

O sistema de licitação envolve: pregão, convite, tomada de preços, concorrência, registro de preços, dispensa de licitação, inexigibilidade de licitação, convênio.

As regras gerais sobre licitações e contratos administrativos podem (e devem) ser consultadas por todos [157], assim como as leis referentes a esse assunto.

Exemplo de edital

Exemplos de editais podem ser encontrados no endereço <http://www.comprasnet.gov.br>.

Encorajamos ao leitor acessá-lo e ler alguns editais para familiarizar-se com os textos[1].

---

[1] Acesso em: 30 ago. 2009.

C. CUSTO TOTAL DE PROPRIEDADE

Para empresas usuárias ou consumidores o custeio do ciclo de vida envolve três estágios [158]:

- Primeiro estágio – é comprovada a necessidade de um equipamento ou bem.
- Segundo estágio – inicia-se o processo de escolha do bem a ser adquirido, orientando-se pelos seguintes itens:
  - previsão dos requisitos para instalação do bem e seu custo;
  - quantificação do custo do ciclo de vida do bem a ser adquirido;
  - quantificação do custo do ciclo de vida de bens alternativos;
  - decidir qual a melhor proposta.

O objetivo nessa etapa é adquirir um bem que atenda às necessidades da empresa ao menor custo de ciclo de vida possível.

- Terceiro estágio – é feito um acompanhamento do custo real, durante a vida do bem na empresa.

Uma vez definido o que realmente se necessita, inicia-se o processo de verificação das soluções de mercado. Este é também o melhor momento para registrar o custo de contratos de manutenção e consumíveis. Com essas informações, é possível gerar um valor para comparação de custo entre equipamentos de diferentes fabricantes.

O *TCO* (*Total Cost of Ownership*) pode ser definido como uma abordagem complexa que requer que a organização compradora identifique todos os custos relevantes das atividades de aquisição, posse e uso de um bem ou serviço comprado, e no qual são quantificados todos os custos relacionados a um fornecedor específico [159].

TCO = custos de aquisição (A) + Custos de operação (O) + custos de manutenção (M) + custos de desativação (D).

Na área de manutenção o *TCO* também pode ser denominado custo do ciclo de vida (*LCC – Life Cycle Cost*) [29] .

Os fornecedores devem receber solicitações de propostas informando os custos A, M e D acima citados (no período de vida útil do equipamento, ou em um prazo determinado, cinco anos, por exemplo). O custo O vai depender muito de como vai ser o regime de operação do equipamento. Esses valores também vão servir como registro de preço, já que o melhor momento para se negociar valores (tanto aquisição quanto de contratos de manutenção) é no ato da compra.

O *TCO* é muito utilizado em licitações governamentais, porém têm surgido alguns trabalhos sobre sua aplicação na área da saúde [160].

D. *PDCA*

Também conhecido como "Ciclo de Deming", o *PDCA* é uma das primeiras ferramentas de gestão da qualidade (ou ferramentas gerenciais) e permite o controle do processo.

O *PDCA* foi criado na década de 1920 por Walter A. Shewart (1891-1967), mas foi o engenheiro William Edward Deming (1900-1993), o "guru do gerenciamento da qualidade", quem disseminou seu uso no mundo todo (por isso, a partir da década de 1950, o ciclo *PDCA* passou a ser conhecido como "Ciclo Deming") no uso de estatísticas e métodos de amostragem.

O Ciclo *PDCA* nasceu no escopo da tecnologia *TQC* (*Total Quality Control*) como uma ferramenta que melhor representava o ciclo de gerenciamento de uma atividade.

O conceito do Ciclo evoluiu ao longo dos anos vinculando-se também com a ideia de que, uma organização qualquer, encarregada de atingir um determinado objetivo, necessita planejar e controlar as atividades a ela relacionadas.

O Ciclo *PDCA* compõe o conjunto de ações em sequência dada pela ordem estabelecida pelas letras que compõem a sigla: P(*plan*: planejar), D(*do*: fazer, executar), C(*check*: verificar, controlar), e finalmente o A(*act*: agir, atuar corretivamente).

A utilização do Ciclo *PDCA* promove o aprendizado contínuo dos processos.

Portanto, ao enfrentar dificuldades na execução de uma atividade do processo: Identificar o problema (*PLAN*): coletar dados e definir plano de ação. Por em prática o plano de ação (*DO*): resolver o problema. Verificar e analisar os resultados obtidos (*CHECK*). Refletir sobre as causas dos desvios e tomar as ações corretivas (*ACT*).

E. FALHAS PROGRAMADAS

Essa é uma possível, triste e lamentável causa de problemas em equipamentos. Para ilustrar, segue abaixo uma reportagem sobre a causa do alto índice de falhas de um equipamento de raios-x [161].

Figura E.1: Explosão do módulo de controle do equipamento de raios X

"Funcionário federal sabotava raios x
(...)   *Felipe Sáles*
*O estudante de teologia e funcionário do Ministério da Saúde, ..., foi flagrado num vídeo danificando um aparelho de raios x no Centro Municipal de Saúde Belisário Pena, em Campo Grande, Zona Oeste do Rio. O aparelho – que **atendia até 90 pessoas por dia** – já havia sido sabotado pelo menos cinco vezes, provocando três queixas na 35ª DP (Campo Grande). No dia 3, após duas câmeras serem instaladas na sala, (...) foi flagrado jogando um líquido no aparelho, ateando fogo, fechando a porta e abandonando o local, pondo em risco funcionários e pacientes que estavam no posto. (...)*
*Funcionários do centro de saúde começaram a desconfiar da sabotagem em agosto do ano passado, depois que o aparelho de raios-X apareceu com os fios cortados. Em seguida, (...) mudou a tática e **passou a jogar água e óleo no interior** do equipamento, segundo a firma contratada para fazer a manutenção do equipamento.*
*Três registros foram feitos na 35ª DP (Campo Grande), mas o caso continuava um mistério. Até que a Coordenadoria de Saúde da região alugou duas câmeras e, há três meses, as instalou na sala de raios x. No dia 3, às 16h50 de uma sexta-feira, (...) foi flagrado jogando um líquido no interior do equipamento. **As imagens mostram os raios x pegando fogo e ... deixando a sala**. O vídeo de quase três minutos foi disponibilizado no You Tube e divulgado pelo próprio prefeito Cesar Maia em seu boletim eletrônico.*
O aparelho de Raio X periodicamente tinha problemas de "superaquecimento" e incêndio. A direção desconfiou da frequência e a prefeitura colocou uma câmera apontando para o aparelho de Raios X – escreveu o prefeito. – O funcionário, de origem federal, foi flagrado e simultaneamente devolvido ao ministério e as provas entregues à polícia. (...)
Sábado, 11 de Outubro de 2008 – 02:00 h."

F. CONTRATO DE MANUTENÇÃO

Segue um modelo de contrato de manutenção para equipamentos médicos.

CONTRATO DE MANUTENÇÃO

Pelo presente Instrumento Particular de Contrato de Manutenção, de um lado, *Razão Social da empresa, situada no endereço completo da empresa, inscrita no CNPJ sob o completar e com Inscrição Estadual nº.*, neste ato representada na forma disposta em seus atos constitutivos, doravante denominada **CONTRATANTE** e, de outro lado, *Razão Social do PRESTADOR, situada no endereço completo da empresa, inscrita no CNPJ sob o completar e com Inscrição Estadual nº.*, neste ato representada na forma disposta em seu Contrato Social, doravante denominada **CONTRATADA**, têm entre si, por seus herdeiros e/ou sucessores, justa e contratada a presente contratação que se regerá pelas seguintes cláusulas e condições:

1. CLÁUSULA PRIMEIRA – OBJETO

A **CONTRATADA** se obriga a prestar serviços de manutenção solicitados pelo cliente no(s) equipamento(s) relacionado(s) no item I do Anexo 1 ao presente Contrato, declarando neste ato a **CONTRATANTE** que os Equipamentos **estarão em perfeitas condições de funcionamento** no ato da assinatura do presente Contrato.

O valor de que trata este contrato abrange todas as chamadas técnicas, exceto as chamadas comprovadamente indevidas, as quais serão faturadas adicionalmente, conforme o valor especificado no anexo 1. Para efeito deste Contrato, serão consideradas "chamadas comprovadamente indevidas" as chamadas por meio das quais ficar constatado que:

  (i) houve mal uso dos equipamentos;
  (ii) houve erro operacional;
  (iii) os equipamentos objeto do chamado não estão contemplados no presente Contrato;
  (iv) os defeitos dos equipamentos foram causados por problemas relacionados diretamente com a infraestrutura, tais como variações de energia, temperatura e umidade;
  (v) os equipamentos encontram-se em perfeito estado de funcionamento

2. CLÁUSULA SEGUNDA – RESPONSABILIDADES DA CONTRATANTE

A fim de possibilitar a execução dos serviços objeto deste Contrato, caberá à **CONTRATANTE**:

  2.1 Assegurar às pessoas credenciadas pela **CONTRATADA** livre acesso ao local em que os Equipamentos estiverem instalados;

2.2 Prestar esclarecimentos sobre as circunstâncias em que foram observadas as irregularidades e/ou os defeitos, no funcionamento dos Equipamentos;

2.3 Colocar à disposição da **CONTRATADA** as informações técnicas que dispõem os Equipamentos, incluindo manuais, plantas e dados sobre eventuais serviços anteriormente executados;

2.4 Permitir a execução de serviços nos Laboratórios da **CONTRATADA** sempre que houver impossibilidade de reparos dos Equipamentos no local de sua instalação. Neste caso, as despesas de transporte dos Equipamentos correrão por conta da **CONTRATANTE**;

2.5 Comunicar imediatamente a **CONTRATADA**, por escrito ou por telefone, sobre qualquer defeito ou deficiência que venha a constatar nos Equipamentos;

2.6 Efetuar os pagamentos a que se compromissou por meio deste Contrato nas datas aqui aprazadas, sob as penas dispostas na sua Cláusula Oitava.

2.7 Verificar com o responsável técnico do setor se houve mau uso dos Equipamentos; houve erro operacional; os equipamentos objeto da chamada não estão contemplados no presente Contrato; os defeitos dos Equipamentos foram causados por problemas não relacionados diretamente aos mesmos, tais como variações de energia, temperatura e umidade; os Equipamentos encontram-se em perfeito estado de funcionamento. **Chamados indevidos serão cobrados**.

3. CLÁUSULA TERCEIRA – RESPONSABILIDADES DA CONTRATADA

3.1 São responsabilidades da **CONTRATADA** em relação à **mão de obra**:

    3.1.1 Prestar os serviços ora contratados por meio de seus técnicos, os quais não terão qualquer vínculo empregatício com a **CONTRATANTE**.

    3.1.2 Permitir o acompanhamento dos serviços por técnicos e/ou engenheiros da **CONTRATANTE**.

    3.1.3 Enviar técnicos para atendimento com registro ativo no CREA e ART.

    3.1.4 Enviar técnicos com treinamento e certificação do fabricante com nível igual ou superior ao equipamento que está sob contrato.

    3.1.5 Fornecimento de relatório técnico após manutenção corretiva, e checklist após manutenção preventiva.

    3.1.6 Fornecer número telefônico 0800 para abertura de chamados.

    3.1.7 Cumprir as cláusulas existentes na modalidade de contrato escolhido pelo cliente (Anexo I, item 2).

    3.1.8 Fornecer cópia de todos os certificados de calibração de equipamentos utilizados para este fim.

    3.1.9 Somente disponibilizar equipamentos com certificado de calibração válido.

Por exemplo:

BRONZE: *atendimento em horário comercial:*
08 às 17 h – segunda à sexta-feira – dias úteis

PRATA: *atendimento em horário extendido:*
08 às 22 h – segunda à sexta-feira – dias úteis

OURO: *atendimento em Plantão (emergência):*
08 às 22 h – sete dias – excluso feriados

PLATINA: *atendimento em Plantão (emergência) extendido:*
24 horas x 7 dias – incluso feriados

HFC: *Contratação de horas fora de contrato.*

3.1.10 Prestar o atendimento em até 12 horas úteis nas modalidades BRONZE e PRATA.

3.1.11 Prestar o atendimento em até 06 horas úteis nas modalidades OURO e PLATINA.

3.1.12 Inclusos nas modalidades BRONZE e PRATA: manutenção corretiva, preventiva, suporte telefônico e despesas com viagem.

3.1.13 Fornecer nas modalidades OURO e PLATINA um número telefônico para atendimentos de EMERGÊNCIA (equipamento parado ou incapaz de realizar a sua função).

Parágrafo Primeiro: Atendimentos fora de horário comercial nas modalidades BRONZE e PRATA só serão permitidos após aprovação de orçamento com valor mínimo de três vezes o valor normal da hora técnica (valor superior ao valor da hora técnica em contrato).

Parágrafo Segundo: os atendimentos fora de horário comercial realizados nas modalidades OURO e PLATINA não envolvem envio de peças.

Parágrafo Terceiro: os serviços realizados fora de horário comercial nas modalidades OURO e PLATINA não incluem manutenções preventivas, verificações funcionais ou outros serviços que devem ser executados obrigatoriamente no horário comercial.

3.2. São responsabilidades da **CONTRATADA** em relação ao item **peças**:

3.2.1 Cumprir as cláusulas existentes na modalidade de contrato escolhido pelo cliente (Anexo I, item 2).

Por exempo:

BRONZE: *inclusão de kit de manutenção*
(peças que devem obrigatoriamente serem trocadas)

OURO e PRATA: *inclusão de peças com alto índice de falhas.*

PLATINA: *inclusão de todas as peças*

PA: *peça avulsa, fora do contrato*

3.2.2 Substituir a peça danificada (quando coberta por contrato) por uma peça nova ou recondicionada, no sistema de base de troca (a defeituosa é devolvida ao fabricante).

3.2.3 Enviar peças em no máximo **48 horas corridas** quando disponíveis no estoque nacional e/ou máximo de **15 corridos** quando necessitar de importação.

Atentar para a diferença entre tempo corrido e tempo útil. Esperar 15 dias úteis pode equivaler a 21 dias corridos!

3.2.4 Fornecer listagem das peças cobertas por contrato nas modalidades P1 e P2, informando descrição (em português e inglês) e código.

3.2.5 As peças que tiverem sua falha causada por mau uso e/ou funcionamento fora das condições especificadas no manual do fabricante NÃO serão cobertas pelo contrato, sendo enviado orçamento.

3.2.6 Peças avulsas (modalidade P4) somente serão trocadas após aprovação de orçamento, no sistema de base de troca e por outra peça nova ou recondicionada.

3.3.7 Fornecer listagem de material consumível que não é coberto pelo contrato de peças.

Parágrafo Primeiro: Não estão incluídas nas obrigações da CONTRATADA, as necessidades de manutenção não decorrentes do desgaste normal dos Equipamentos, devido ao uso anormal dos mesmos (imperícia, negligência e imprudência) pelo operador; bem como incêndios (que não tenham sido causados pelo equipamento), inundações, sobrecarga da rede elétrica, sabotagens, acidentes da natureza e outros resultantes de caso fortuito ou força maior. Não estão também incluídos neste Contrato os serviços para adaptações, reformas ou substituições dos Equipamentos bem como os serviços para colocação ou adaptação de peças e/ou componentes fornecidos por terceiros.

Parágrafo Segundo: A CONTRATADA garante na modalidade PLATINA a disponibilidade do equipamento igual a 85% (310 dias no caso de equipamentos que fiquem disponíveis 24 horas por sete dias por semana, ou 365 dias). Para contratos de outra modalidade, o orçamento de peças deve ser aprovado pelo cliente, de forma que a CONTRATADA não garante um valor mínimo de disponibilidade.

Parágrafo Terceiro: A CONTRATADA caso não obtenha disponibilidade do equipamento igual a 85% nas modalidades PLATINA, fornecerá ao CONTRATANTE um desconto de 10% no valor total do contrato para cada 5% acima do valor especificado de 85%.

A penalidade pode ser desconto no contrato de manutenção, ressarcimento de valores baseados em faturamento ou lucro cessante. É importante que este ponto – a forma de compensação – esteja bem definida no contrato.

4. CLÁUSULA QUARTA – CESSÃO E TRANSFERÊNCIA

É vedada a cessão e/ou transferência total ou parcial de quaisquer direitos e/ou obrigações inerentes ao presente Contrato por qualquer das partes sem a prévia e expressa autorização da outra parte, com exceção do previsto no parágrafo primeiro.

> **Parágrafo Primeiro:** A **CONTRATADA** poderá ceder ou transferir o presente Contrato sem o prévio e expresso consentimento do **CONTRATANTE** nas seguintes hipóteses: (a) à qualquer entidade controlada pela **CONTRATADA**; ou (b) na ocorrência de incorporação, reorganização, transferência, venda de ativos ou linha(s) de produtos ou mudanças de controle ou propriedade da **CONTRATADA**

5. CLÁUSULA QUINTA – TRANSFERÊNCIA DOS EQUIPAMENTOS

A **CONTRATANTE** poderá, a qualquer tempo, transferir os Equipamentos do seu local de instalação, desde que comunique sua intenção de fazê-lo por escrito à **CONTRATADA** com antecedência mínima de 15 (quinze) dias.

> **Parágrafo Primeiro** – As despesas decorrentes da transferência prevista no "*caput*" desta Cláusula Sexta correrão por conta exclusiva da **CONTRATANTE**.

> **Parágrafo Segundo** – Em ficando provado acréscimo de despesas para a **CONTRATADA**, em decorrência da transferência dos Equipamentos, esta deverá rever o preço dos serviços prestados, devendo o mesmo ser reajustado em função de tal circunstância.

6. CLÁUSULA SEXTA – AMPLIAÇÃO, REDUÇÃO E SUBSTITUIÇÃO DOS EQUIPAMENTOS

Fica reservada à **CONTRATANTE** o direito de, às suas próprias expensas, ampliar, reduzir, substituir parcialmente ou modificar a quantidade de equipamentos cobertos no contrato. Nessa hipótese, as partes deverão firmar, por escrito, um Termo Aditivo ao presente Contrato através do qual serão acordadas as suas novas bases.

7. CLÁUSULA SÉTIMA – ALTERAÇÃO

Toda e qualquer alteração aos termos constantes neste Contrato, deverá ser feita através de Termo Aditivo a ser firmado, por escrito, por ambas as partes.

8. CLÁUSULA OITAVA – PREÇO E FORMA DE PAGAMENTO

Pelos serviços objeto deste Contrato, e pelo prazo de vigência disposto na sua Cláusula Décima Primeira, a **CONTRATANTE** pagará à **CONTRATADA** a importância mensal fixada no item III do Anexo 1 ao presente Contrato.

> **Parágrafo Primeiro** – O vencimento das parcelas previstas nesta Cláusula Nona será o fixado no item IV do Anexo 1 ao presente Contrato.

Parágrafo Segundo – Na hipótese de ocorrer inadimplência na quitação mensal e pontual das parcelas ora ajustadas, incidirá cumulativamente sobre o valor total em atraso:

- Multa moratória de 10% (dez por cento);
- Taxa de juros 1% (um por cento) ao mês calculada *pro rata*.

Parágrafo Terceiro – Em caso de atraso no pagamento previsto nesta Cláusula Nona superior a 3 (três) dias, a **CONTRATADA** poderá suspender a prestação de serviços objeto do presente Contrato até que as parcelas em atraso sejam quitadas. Caso se verifique o atraso retro, a suspensão da prestação de serviços objeto do presente Contrato por parte da **CONTRATADA** não caracterizará inadimplemento de obrigação contratual por parte da **CONTRATADA**.

9. CLÁUSULA NONA – REAJUSTE

Na hipótese de haver alteração no sistema monetário nacional – modificação de moeda corrente, alteração e/ou criação de índice que atualize os valores ora contratados, aumento em demasia de custos etc., as partes contratantes, em comum acordo, alterarão o preço das prestações mensais dispostas na Cláusula Oitava deste Contrato, para o fim especial de adequá-las ao novo sistema e correção desses valores para que prevaleça, entre as partes, o permanente equilíbrio financeiro ora acordado.

10. CLÁUSULA DÉCIMA – PRAZO DE VIGÊNCIA

O presente Contrato vigerá pelo prazo previsto no item V do Anexo 1 ao presente Contrato, não podendo, em hipótese alguma, ser prorrogado por prazo indeterminado.

11. CLÁUSULA DÉCIMA PRIMEIRA – RESCISÃO

Este contrato poderá ainda ser rescindido por qualquer das partes, independentemente de justificativa, bastando para tanto notificação por via protocolada ou por intermédio de cartório de títulos e documentos para a outra parte com antecedência mínima de 30 (trinta) dias, sem ônus e sem prejuízo do cumprimento de suas obrigações até a data da rescisão.

Parágrafo Primeiro – Este contrato poderá ser rescindido por qualquer das partes contratantes, na ocorrência de descumprimento de uma ou mais cláusulas ou condições contratuais deste Contrato; inadimplência no cumprimento das obrigações assumidas sob este Contrato; e inadimplência dos pagamentos previstos neste Contrato.

Parágrafo Segundo – Ocorrendo à rescisão do presente Contrato antes do término do prazo previsto na sua Cláusula Décima, tendo havido a troca de partes e/ou peças conforme a modalidade escolhida do presente Contrato, fica a **CONTRATANTE** obrigada a pagar à **CONTRATADA**, a critério exclusivo da **CONTRATADA**: (i) o valor referente às parcelas previstas na Cláusula Oitava deste Contrato vencidas e não pagas, acrescido do valor referente às parcelas a vencer ou (ii) o valor referente às parcelas vencidas não pagas acrescido do valor referente às partes e/ou peças trocadas nos termos do item 2 da Cláusula Terceira do presente Contrato.

Parágrafo Terceiro – No caso previsto no Parágrafo retro, a **CONTRATADA** efetuará a cobrança do valor devido pela **CONTRATANTE** no prazo de 10 (dez) dias úteis a contar da data da comunicação da rescisão ou a contar da data em que o evento que possa dar causa a rescisão se torne conhecido pela **CONTRATADA**.

12. CLÁUSULA DÉCIMA SEGUNDA – RESPONSABILIDADE

A responsabilidade, se houver alguma, da **CONTRATADA** por danos resultantes do descumprimento dos termos deste Contrato, garantia, negligência, indenização, responsabilidade estrita ou outro ato ilícito extracontratual, ou de qualquer forma relacionado aos Equipamentos, <u>irá reparar os danos causados e/ou fornecimento de um novo equipamento após perícia técnica</u>.

13. CLÁUSULA DÉCIMA TERCEIRA – FORO

Para dirimir qualquer dúvida oriunda deste Contrato, as partes elegem o Foro Central da Comarca de **CIDADE DA CONTRATADA**, desistindo de qualquer outro, por mais privilegiado que seja.

E por estarem assim justas e contratadas, assinam o presente Contrato em 02 (duas) vias de igual teor e forma, na presença das testemunhas abaixo.

Rio de Janeiro, DD de MMM de AAAA.

CONTRATANTE		CONTRATADA	
NOME:	CARGO:	NOME: #	CARGO: #
CPF:	RG:	CPF: #	RG: #

TESTEMUNHAS:

1.		2.	
NOME: #	CARGO: #	NOME: #	CARGO: #
CPF: #	RG: #	CPF: #	RG: #

(Última folha do Contrato de Manutenção nº firmado em XXX, entre <u>CONTRATANTE</u> e <u>CONTRATADA</u>).

ANEXO I

I. Equipamentos incluídos no contrato

Modelo	Número de Série	Fabricante

II. Modalidade de contrato: PLATINA

III. Preço: a CONTRATANTE pagará à **CONTRATADA** o valor de (por extenso) em parcelas mensais e subsequentes no valor de R$ (por extenso), mediante a apresentação, pela **CONTRATADA**, de respectiva nota fiscal/fatura.

   III.1. Preço para atendimento avulso ou chamado indevido: a CONTRATANTE pagará à CONTRATADA o valor de (por extenso) por hora técnica e de deslocamento, mediante a apresentação, pela CONTRATADA, de respectiva nota fiscal/fatura.

IV. **Forma de Pagamento:** o vencimento das parcelas previstas no item II, acima, dar-se-á completar no QUINTO dia útil de cada mês, à partir do mês de completar.

V. **Prazo de Vigência:**
   O prazo de vigência do Contrato corresponde ao período entre ___/___/___ e ___/___/___ (um ano após assinatura deste contrato).

G. STJ

Processos por erro médico no STJ aumentaram 200% em seis anos [162]

Nem todo mau resultado é sinônimo de erro, mas essa é uma dúvida que assombra médico e paciente quando algo não esperado acontece no tratamento ou em procedimentos cirúrgicos. O erro médico pode envolver o simples diagnóstico errôneo de uma doença, como já decidiu o Superior Tribunal de Justiça (STJ). Nos últimos seis anos, a quantidade de processos envolvendo erro médico que chegaram à Corte aumentou 200%. Em 2002, foram 120 processos. Neste ano, até o final do mês de outubro, já eram 360 novos processos autuados por esse motivo, a maioria recursos questionando a responsabilidade civil do profissional.

O STJ tem assegurado a pacientes lesados por erros médicos três tipos de indenizações. Os danos materiais referem-se ao que o paciente gastou no tratamento ineficiente e ao que eventualmente deixou de ganhar por conta do erro médico (dias de trabalho perdidos, por exemplo). Assegura-se, também, o direito de receber os danos morais, valor para compensar a dor moral a que foi submetido (como ocorre com a supressão indevida de um órgão). Por fim, o paciente pode receber por danos estéticos, isto é, o prejuízo causado à sua aparência, como nas hipóteses em que o erro causou cicatrizes e outras deformidades. As indenizações são cumuláveis.

Relação de consumo

Superar um tratamento médico malsucedido pode levar muito tempo. Não raro, as cicatrizes permanecem no corpo por toda a vida, insistindo numa lembrança indesejável. Mas, ainda que traumatizado pelo episódio, o paciente deve considerar que há prazos legais para se buscar a reparação na Justiça.

O STJ entende que deve ser aplicado o Código de Defesa do Consumidor (CDC) aos serviços prestados por profissionais liberais, inclusive médicos. Nestes casos, prescreve em cinco anos a pretensão à reparação, contados do conhecimento do dano ou de sua autoria. No entanto, a presidente da Segunda Seção, ministra Nancy Andrighi, ressalta que há uma peculiaridade. "A responsabilidade do médico, ao contrário do que ocorre no restante das leis consumeristas, continua sendo subjetiva, ou seja, depende da prova da culpa do médico", explica a ministra.

Em um julgamento ocorrido em 2005 na Terceira Turma, os ministros aplicaram esse entendimento e não atenderam o pedido de um cirurgião plástico de São Paulo para que fosse considerado prescrito o direito de ação de uma paciente. Ele alegava que já teriam transcorrido os três anos estabelecidos pelo Código Civil para a reparação do dano. A paciente, que ficou com deformidades físicas após cirurgias plásticas, conseguiu que o médico custeasse todo o tratamento para restabelecimento do seu quadro clínico, além de reparação por dano moral e estético.

Ainda sob a ótica da lei de defesa do consumidor, naquelas hipóteses em que o Poder Judiciário identifica a hipossuficiência do paciente, isto é, a dependência econômica ou de informações, pode haver inversão do ônus da prova. Isto é, o juiz pode determinar que cabe ao médico fazer prova da regularidade de sua conduta. De acordo com a ministra Nancy Andrighi, a aplicação do CDC facilita muito a defesa dos direitos do consumidor. "Com ele, o juiz dispõe de meios mais eficazes para detectar práticas comerciais e cláusulas contratuais abusivas. Isso certamente é um avanço em relação à legislação comum", analisa a ministra.

Revisão de valores

Atualmente, estão em análise no STJ 444 processos sobre essa matéria. Boa parte dos recursos que chega ao Tribunal contesta os valores das indenizações por erro médico arbitrados em instâncias ordinárias, ou seja, a Justiça estadual ou federal. Mas ser admitido para julgamento no STJ não é sinal de causa ganha: a orientação consolidada na Corte é de somente revisar o valor quando for exorbitante ou insignificante. A quantia deve ser razoável e proporcional ao dano.

Ao julgar cada caso, os ministros analisam o fato descrito nos autos, sem reexaminar provas. Com base nas circunstâncias concretas, nas condições econômicas das partes e na finalidade da reparação, decidem se o valor da indenização merece reparos. E, por vezes, uma indenização por dano moral devida por erro médico pode ser maior do que aquela obtida por parentes pela morte de um familiar.

Foi o que ocorreu na análise de um recurso do Rio de Janeiro em que a União tentava a redução do valor de uma indenização de R$ 360 mil por danos morais. A vítima era uma paciente que ficou tetraplégica, em estado vegetativo, em decorrência do procedimento de anestesia para uma cirurgia a que seria submetida em 1998.

A relatora do recurso, ministra Denise Arruda, da Primeira Turma, afirmou que não se tratava de quantia exorbitante. Ela entende que não foi possível estabelecer, neste caso, um paralelo com qualquer indenização devida em caso de morte da vítima. "O sofrimento e a angústia vividos diariamente pela agravada [paciente] e a irreversibilidade das sequelas sofridas potencializam, no tempo, o dano moral", explicou a ministra.

Co-responsabilidade

Além do médico responsável pelo procedimento, a clínica ou hospital em que se deu o atendimento também estão sujeitos à responsabilização pelo erro médico. O STJ já decidiu, inclusive, que a operadora de plano de saúde pode responder, solidariamente, por eventual erro do médico que indicou ao segurado. Mas cada caso traz peculiaridades que podem levar a um desfecho judicial diferente.

Em setembro passado, a Segunda Seção concluiu o julgamento de um recurso em que um hospital de Santa Catarina contestava a condenação solidária por erro médico. A Justiça estadual havia condenado o hospital e o médico ao pagamento de danos morais, materiais e pensão vitalícia à vítima, paciente que se submeteu a uma cirurgia de varizes.

Os ministros entenderam que a entidade não poderia ser responsabilizada solidariamente por erro médico, pois o cirurgião não prestou quaisquer serviços no interesse do hospital ou sob as suas ordens. De acordo com o relator para o acórdão, ministro João Otávio de Noronha, o fato de receber remuneração pela locação de espaço físico não torna o hospital solidariamente responsável por danos causados por imperícia médica.

Entretanto circunstâncias diferentes podem levar a uma conclusão oposta. Há casos em que o hospital responde como fornecedor do serviço médico-hospitalar prestado do qual decorreu o dano. Em 2002, a Quarta Turma do STJ manteve decisão da Justiça do Rio de Janeiro que condenou uma instituição médica a responder solidariamente pela falta de informação por parte de seu médico sobre os riscos que envolviam uma cirurgia.

A paciente acabou perdendo completamente a visão e ingressou com pedido de indenização por danos materiais, físicos e morais contra o hospital e o médico. Um ano antes, a mesma Quarta Turma já havia decidido que o médico-chefe pode vir a responder por fato danoso causado ao paciente pelo terceiro que esteja diretamente sob suas ordens.

Pós-operatório

A responsabilidade do médico pelo estado de saúde do paciente não se encerra no atendimento em si. Recentemente, a Quarta Turma confirmou o pagamento de indenização de R$ 300 mil a uma paciente que perdeu o útero, trompas e ovários devido a complicações ocorridas após uma tentativa de fertilização in vitro, realizada em 2001.

Baseados na análise dos fatos feita pelo Tribunal de Justiça do Rio de Janeiro (TJRJ), os ministros consideraram negligente o atendimento pós-operatório que acarretou dano à paciente, sendo, por isso, passível de responsabilização civil. O relator do recurso foi o ministro João Otávio de Noronha.

Em processo analisado pelo Conselho Regional de Medicina fluminense, o médico não foi responsabilizado pela ovário-histerectomia. A paciente ingressou na Justiça contra a clínica e o médico que realizou o procedimento. Disse que o procurou para atendimento com queixa de dor e febre, mas, após exame, foi encaminhada por ele a outros profissionais. Passado cerca de um mês, foi constatado por outro médico um abscesso no tubo ovariano, o que exigiu a intervenção radical.

Condenados em primeira instância, médico e clínica apelaram, mas o TJRJ descartou a realização de uma nova perícia e manteve a condenação solidária. No STJ, o julgamento definiu que o médico deveria responder pelo dano causado, porque não agiu com a cautela necessária. A negligência está na falta de assistência pós-cirúrgica à paciente, que teve o estado de saúde agravado, alegando que a piora não decorreu do ato cirúrgico que realizou, mas de outras causas, encaminhando-a a profissionais diversos. Ainda cabe recurso desta decisão.

Coordenadoria de Editoria e Imprensa